l'Atelier de Vocabulaire
Cahier d'exercices

Marianne André-Kérébel
Psychologue scolaire

Fanny De La Haye-Nicolas
Maître de conférences
en psychologie cognitive

Marie-Christine Pellé
Inspectrice de l'Éducation nationale

Le papier de cet ouvrage est composé de fibres naturelles, renouvelables, fabriquées à partir de bois provenant de forêts gérées de manière responsable.

La photocopie de cet ouvrage en tout ou partie n'est pas autorisée par les Éditions NATHAN. Pour mémoire, la photocopie non autorisée est un délit punissable par la Loi.

Nathan

AVANT-PROPOS

L'objectif de ce cahier de vocabulaire est de permettre une amélioration des compétences en lecture, en compréhension orale et en production écrite grâce à un **enrichissement lexical** et à une meilleure connaissance des mots et de leur construction.

Plusieurs travaux de recherche attestent l'importance des connaissances lexicales pour la réussite scolaire. Alain Lieury (1997) a d'ailleurs mis en évidence des corrélations plus importantes entre connaissances lexicales et réussite scolaire qu'entre niveau intellectuel et réussite scolaire. **Le lexique joue un rôle fondamental dans la lecture et la compréhension.** Les enfants qui disposent du lexique le plus étendu dans un domaine donné sont ceux qui comprennent le mieux les textes relatifs à ce domaine. Le problème du lexique a été identifié par de nombreux chercheurs comme étant un obstacle à la compréhension et devant donc être traité comme une priorité (Roland Goigoux, 2000 ; Michel Fayol et José Morais, 2004).

❶ LES PRINCIPES PÉDAGOGIQUES

Une répartition par thèmes et par objectifs

Le cahier de vocabulaire CM1 accompagne les élèves, à leur rythme, dans l'acquisition progressive du vocabulaire qui doit faire l'objet, dès les premières années, d'un apprentissage spécifique, régulier et structuré.

Huit thèmes ont été retenus : la forêt, la mer, les métiers, la musique, les vacances et les voyages, le portrait physique, le portrait moral, les émotions.

Chaque thème est décliné en **plusieurs objectifs (7 à 11 selon les thèmes)** : l'ensemble de ces objectifs a pour but d'enrichir le stock lexical des élèves de CM1 tout en leur permettant de comprendre les relations que les mots entretiennent entre eux. Dans un même thème, les mots sont revus plusieurs fois dans des contextes différents afin de les mémoriser par le biais de la décomposition morphologique, de l'apprentissage en contexte et de la catégorisation.

C'est pourquoi nous avons choisi de retenir ces principes pour construire cet outil d'évaluation et d'entraînement au vocabulaire.

Objectifs :

J'apprends des mots : l'enrichissement lexical consiste à faire découvrir aux élèves des mots nouveaux dans chacune des thématiques abordées.

J'apprends à catégoriser : l'objectif est ici d'apprendre aux élèves à organiser et à ordonner les nouveaux mots découverts pour que ceux-ci deviennent un vocabulaire actif. La catégorisation sert à hiérarchiser les nouveaux mots pour qu'ils soient plus facilement réutilisables et reconnaissables par l'élève.

J'apprends à construire des mots : il s'agit ici d'étudier la dimension morphologique de notre langue en abordant notamment quelques suffixes, préfixes, mots composés et mots de la même famille. La recherche montre aujourd'hui qu'un enseignement systématique de l'analyse morphologique constitue une piste de travail très prometteuse pour l'enseignement du vocabulaire.

Je comprends le sens des mots : pour aider les élèves à mieux comprendre le sens des mots, on met en contexte dans des phrases des mots ayant soit la même forme orale et/ou écrite mais des sens différents soit deux voire plusieurs sens différents. Les élèves sont ainsi sensibilisés aux notions d'homonymie et de polysémie.

Je comprends les synonymes, les contraires ou les expressions : ces objectifs vont permettre aux élèves de comprendre comment les mots de notre langue sont construits et quelles relations ils entretiennent entre eux.

J'apprends à utiliser le dictionnaire : asseoir la connaissance de l'ordre alphabétique aidera les élèves dans l'utilisation du dictionnaire avec lequel ils ont commencé à se familiariser dès l'année de CP.

Je comprends le sens propre et le sens figuré : étudier le sens premier (sens propre) d'un mot et ses significations dérivées (sens figuré) permet aux élèves de prendre conscience des différents sens d'un mot et les amène à rechercher puis à utiliser un vocabulaire précis pour exprimer clairement leurs idées.

© Nathan, 25 avenue Pierre de Coubertin, 75013 Paris – 2014.
© Nathan, 2015 pour la présente impression.
ISBN : 978-2-09-122820-4

Je comprends les niveaux de langue
L'objectif est ici de communiquer de façon appropriée en utilisant les stratégies et les connaissances requises par la situation de communication.

Je mémorise les mots appris
Les mots nouveaux découverts dans chaque unité sont revus et employés dans d'autres contextes.

Un entraînement individualisé

Les différents objectifs peuvent être abordés successivement ou en parallèle, selon les besoins des élèves ou les choix des enseignants.

L'organisation du cahier prend en compte l'hétérogénéité de la classe en proposant à chaque élève des niveaux d'activités adaptés à ses compétences : pour chaque objectif, les exercices sont déclinés en trois niveaux de difficulté : niveau ★ (simple), niveau ★★ (degré de difficulté légèrement supérieur) ; les exercices de niveau ★★★ proposent, quant à eux, des activités plus complexes, requérant des compétences de compréhension plus fine en vocabulaire.

Une vision claire des résultats

À la fin de chaque exercice, un système de codage simple des résultats permet à l'enfant d'apprendre peu à peu à s'auto-évaluer en s'appuyant sur les corrigés (disponibles sous la forme d'un cahier autocorrectif ou téléchargeables gratuitement sur le site www.nathan.fr/atelier-vocabulaire).

En reportant ses scores dans la grille de suivi, chaque élève peut visualiser son parcours d'apprentissage, ses réussites et ses faiblesses.

❷ LA DÉMARCHE

La mise en œuvre des activités de vocabulaire

En début d'année, l'enseignant jugera, selon l'habileté de ses élèves, leurs besoins et la difficulté des exercices, s'il doit donner un exemple ou faire travailler une partie de l'exercice ou de la fiche en collectif.

Après une résolution individuelle des exercices par les élèves, un temps de **verbalisation** et de **mutualisation collective** mené par l'enseignant s'avère nécessaire pour que les élèves puissent s'approprier les connaissances lexicales abordées.

L'utilisation du cahier

Chaque thème devra être **introduit par l'enseignant**, notamment la lecture et l'explication de l'**imagier** et du **lexique**.

Plusieurs pistes d'utilisation sont possibles :
- Ce cahier peut être utilisé comme support au service d'un projet thématique proposé par l'enseignant. Il devient alors une aide au transfert des connaissances.
- Il peut être un outil ressource pour un enrichissement lexical qui mériterait d'être poursuivi par des réinvestissements en production d'écrits.
- La fiche imagier / lexique présente au début de chaque thématique constitue le point de départ du travail de l'enseignant et les exercices proposés dans chaque thème peuvent être utilisés comme un outil d'évaluation (sélection et différenciation possibles).

La correction

La correction collective (en groupe classe ou en groupes de besoins) doit donner lieu à une verbalisation et à une explicitation des stratégies.

Les auteurs

SOMMAIRE

1. La forêt *6*
Objectif 1 : J'apprends des mots *7*
Objectif 2 : J'apprends à catégoriser *8*
Objectif 3 : J'apprends à construire des mots *9*
Objectif 4 : Je comprends les synonymes et les contraires *10*
Objectif 5 : Je comprends le sens des mots *11*
Objectif 6 : J'apprends à utiliser le dictionnaire *12*
Objectif 7 : Je mémorise les mots appris *13*

2. La mer *14*
Objectif 1 : J'apprends des mots *15*
Objectif 2 : J'apprends à catégoriser *16*
Objectif 3 : J'apprends à construire des mots *17*
Objectif 4 : Je comprends les synonymes *18*
Objectif 5 : Je comprends les contraires *19*
Objectif 6 : Je comprends le sens des mots (homonymie et polysémie) *20*
Objectif 7 : Je comprends les expressions et les locutions *21*
Objectif 8 : J'apprends à utiliser le dictionnaire *22*
Objectif 9 : Je mémorise les mots appris *23*

3. Les métiers *24*
Objectif 1 : J'apprends des mots *25*
Objectif 2 : J'apprends à catégoriser *26*
Objectif 3 : J'apprends à construire des mots (1) *27*
Objectif 4 : J'apprends à construire des mots (2) *28*
Objectif 5 : Je comprends les synonymes *29*
Objectif 6 : Je comprends les contraires *30*
Objectif 7 : Je comprends le sens des mots (homonymie et polysémie) *31*
Objectif 8 : J'apprends à utiliser le dictionnaire *32*
Objectif 9 : Je mémorise les mots appris *33*

4. La musique *34*
Objectif 1 : J'apprends des mots *35*
Objectif 2 : J'apprends à catégoriser *36*
Objectif 3 : J'apprends à construire des mots *37*
Objectif 4 : Je comprends les synonymes *38*
Objectif 5 : Je comprends les contraires *39*
Objectif 6 : Je comprends le sens des mots (homonymie et polysémie) *40*
Objectif 7 : Je comprends les expressions et les locutions *41*
Objectif 8 : J'apprends à utiliser le dictionnaire *42*
Objectif 9 : Je mémorise les mots appris *43*

5. Les vacances et les voyages *44*
Objectif 1 : J'apprends des mots *45*
Objectif 2 : J'apprends à catégoriser *46*

Objectif 3 : J'apprends à construire des mots 47
Objectif 4 : Je comprends les synonymes 48
Objectif 5 : Je différencie les niveaux de langue 49
Objectif 6 : Je comprends le sens des mots (homonymie et polysémie) 50
Objectif 7 : Je comprends les expressions et les citations 51
Objectif 8 : J'apprends à utiliser le dictionnaire 52
Objectif 9 : Je mémorise les mots appris 53

6. Le portrait physique 54
Objectif 1 : J'apprends des mots 55
Objectif 2 : J'apprends à catégoriser 56
Objectif 3 : J'apprends à construire des mots 57
Objectif 4 : Je comprends les synonymes 58
Objectif 5 : Je comprends les contraires 59
Objectif 6 : Je différencie les niveaux de langue 60
Objectif 7 : Je distingue le sens propre et le sens figuré 61
Objectif 8 : Je comprends le sens des mots (homonymie et polysémie) 62
Objectif 9 : Je comprends les expressions et les locutions 63
Objectif 10 : J'apprends à utiliser le dictionnaire 64
Objectif 11 : Je mémorise les mots appris 65

7. Le portrait moral 66
Objectif 1 : J'apprends des mots 67
Objectif 2 : J'apprends à catégoriser 68
Objectif 3 : J'apprends à construire des mots 69
Objectif 4 : Je comprends les synonymes 70
Objectif 5 : Je comprends les contraires 71
Objectif 6 : Je comprends le sens des mots (homonymie et polysémie) 72
Objectif 7 : Je comprends les expressions et les locutions 73
Objectif 8 : J'apprends à utiliser le dictionnaire 74
Objectif 9 : Je mémorise les mots appris 75

8. Les émotions 76
Objectif 1 : J'apprends des mots 77
Objectif 2 : J'apprends à catégoriser 78
Objectif 3 : J'apprends à construire des mots 79
Objectif 4 : Je comprends les synonymes 80
Objectif 5 : Je comprends les contraires 81
Objectif 6 : Je différencie les niveaux de langue 82
Objectif 7 : Je distingue le sens propre et le sens figuré 83
Objectif 8 : Je comprends le sens des mots (homonymie et polysémie) 84
Objectif 9 : Je comprends les expressions et les locutions 85
Objectif 10 : J'apprends à utiliser le dictionnaire 86
Objectif 11 : Je mémorise les mots appris 87

Grilles de suivi de l'élève 88

1. La forêt

Imagier

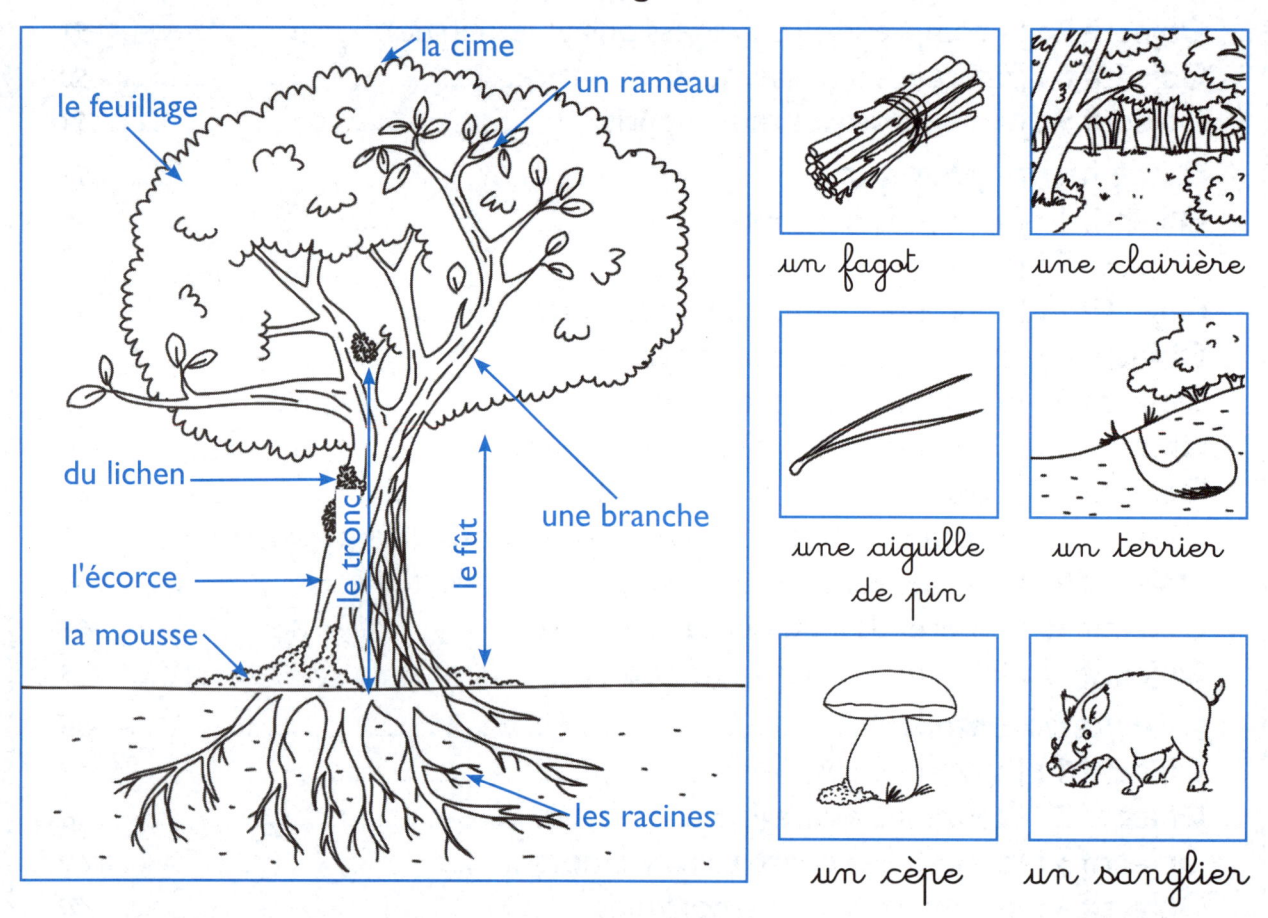

Labels on tree diagram: la cime, un rameau, le feuillage, du lichen, le tronc, le fût, une branche, l'écorce, la mousse, les racines

un fagot — une clairière
une aiguille de pin — un terrier
un cèpe — un sanglier

Lexique

- **un feuillu :** un arbre qui a des feuilles.
- **un conifère :** un arbre qui a des aiguilles, qui produit de la résine et qui a des fruits en forme de cônes. *Synonyme :* un résineux.
- **caduc, caduque :** se dit d'un arbre dont les feuilles tombent à l'automne et repoussent au printemps. *Contraire :* persistant.
- **une lisière :** le bord d'un bois, d'une forêt. *Synonyme :* l'orée (nom féminin).
- **un taillis :** la partie d'une forêt ou d'un bois constituée de petits arbres. *Synonymes :* un buisson, un fourré.
- **vénéneux :** qui contient du poison. *Synonyme :* toxique. *Contraire :* comestible.
- **la sève :** le liquide nutritif qui circule dans les végétaux (les arbres, les plantes).
- **la végétation :** l'ensemble des plantes qui poussent dans un lieu.
- **une souche :** ce qui reste d'un arbre quand il a été coupé (morceau de tronc et racines).
- **un bourgeon :** une petite formation qui apparaît sur une branche ou une tige et qui donnera les feuilles et les fleurs.

Remarque : mots de la famille de « forêt » : forestier, forestière, déforestation. L'accent circonflexe sur le ê de forêt a disparu et a été remplacé par un s. On retrouve cela dans d'autres familles de mots comme hôpital : hospitalier - bête : bestial…

Objectif 1 : J'apprends des mots.

★ **Donne** à chaque définition le numéro du nom qui lui correspond.
Aide-toi de l'imagier.

Une partie d'un bois ou d'une forêt où il n'y a pas d'arbres.	n°......
La partie extérieure des branches et du tronc.	n°......
Le sommet d'un arbre.	n°......
La partie du tronc d'un arbre située entre le sol et la première branche.	n°......
Des petites branches d'arbres attachées ensemble.	n°......
Une petite branche fine.	n°......

1. un fût
2. une clairière
3. la cime
4. l'écorce
5. un rameau
6. un fagot

Comment as-tu réussi ?

★★ **Écris** le nom qui correspond à chaque définition (une lettre par case) :
sanglier - mousse - terrier - aiguille - lichen - cèpe.

- Il pousse sur les troncs d'arbres et sur les pierres. ☐☐☐☐☐☐
- Elle recouvre le sol, les pierres et les arbres. Elle est douce et rase. ☐☐☐☐☐☐
- C'est la feuille des conifères. ☐☐☐☐☐☐☐
- C'est l'abri du renard, du lièvre, du lapin. ☐☐☐☐☐☐
- Il appartient à la famille des champignons. ☐☐☐☐
- C'est un cochon sauvage. ☐☐☐☐☐☐☐☐

Comment as-tu réussi ?

★★ **Complète** les phrases avec les mots de la liste : caduques - sève - lisière - taillis - vénéneux - feuillus - bourgeons - souches.

- Au printemps, la .... monte dans les branches des arbres et permet aux .... d'éclore.
- Ils ont coupé les arbres puis ont arraché les ....
- Lors des battues, les chasseurs frappent les .... avec un bâton pour en faire sortir les sangliers.
- Mon grand-père m'a appris à reconnaître les champignons ....
- Les conifères sont apparus sur Terre bien avant les arbres ....
- Les chênes et les bouleaux sont des arbres à feuilles ....
- Barbizon, appelé « le village des peintres », se situe à la .... de la forêt de Fontainebleau.

Comment as-tu réussi ?

LA FORÊT

Objectif 2 : J'apprends à catégoriser.

★ **Donne** à chaque mot le numéro de la catégorie à laquelle il appartient : 1. Appartient à l'arbre - 2. Appartient à la forêt.

un sentier	n°........	la lisière	n°........
l'écorce	n°........	un terrier	n°........
le fût	n°........	un bourgeon	n°........
un taillis	n°........	la cime	n°........
une clairière	n°........	l'orée	n°........
une racine	n°........	un chemin	n°........
la sève	n°........	un tronc	n°........

Comment as-tu réussi ?

★★ **Classe** les noms de la liste dans les catégories.
un singe - un sanglier - un renard - un jaguar - un écureuil - une panthère - un éléphant - un blaireau - un perroquet - une chouette - un boa - un lapin

Animaux des forêts tempérées	Animaux des forêts tropicales
....	....
....	....
....	....
....	....
....	....
....	....

Comment as-tu réussi ?

★★ **Complète** les séries avec les mots de la liste : un cèpe - la résine - un terrier - une bûche - un chêne - une girolle - un sapin - une aiguille - une tanière - un fagot.

◆ Abris d'animaux : .... - ....
◆ Conifères : .... - ....
◆ Feu : .... - ....
◆ Champignons : .... - ....
◆ Noms d'arbres : .... - ....

Comment as-tu réussi ?

Objectif 3 : J'apprends à construire des mots.

★ **Les familles de mots. Barre** l'intrus dans chaque ligne. **Entoure** le radical des mots de la même famille.

- feuille : feuillage - feuillu - feuillet - feuilleté - feu - feuilleton
- arbre : arbuste - arbitre - arbrisseau - arboriculture - arborescent
- forêt : forestier - déforestation - forestière - forer
- bois : boiser - boisson - boisement - boiserie - déboiser
- végétation : végétal - végétarien - végétaux - végétale - vétérinaire
- clairière : éclaircir - clandestin - clair - éclairer - clairsemé
- terrier : terre - souterraine - terrible - terreau - enterrer

★★ **Trouve** des adjectifs en utilisant des suffixes.

Du nom à l'adjectif : les suffixes -eux / -euse.		
Nom	Adjectif masculin	Adjectif féminin
mousse	**mouss**eux	**mouss**euse
épine		
argile		
boue		
terre		
marécage		
pierre		
résine		

★★ **Écris** les mots de la liste en les classant par famille :

chemin - plantation - tronc - végétal - acheminer - tronçonner - végétation - tronçon - cheminer - déplanter - végétarien - cheminement - plant - végétale - tronçonneuse - plante.

1. ....
2. ....
3. ....
4. ....

LA FORÊT

Objectif 4 : Je comprends les synonymes et les contraires.

LA FORÊT

⭐ **Entoure** le synonyme du mot bleu dans chaque colonne.

un chemin	la lisière	un taillis	le sommet	couper	une forêt
une bûche	le centre	un arbuste	le tronc	planter	une clairière
un lac	la clôture	un feuillu	la cime	ramasser	un bois
un sentier	la forêt	un parterre	le feuillage	désherber	une feuille
un tronc	l'orée	un talus	le bois	arracher	un bourgeon
un ruisseau	le milieu	un fourré	le lichen	abattre	un branchage

Comment as-tu réussi ?

⭐⭐ **Complète** avec l'adjectif contraire de chaque adjectif en gras :
domestique - persistant - privée - vénéneux - rases - touffu.

- un feuillage **caduc** ➡ un feuillage ....
- des herbes **hautes** ➡ des herbes ....
- un champignon **comestible** ➡ un champignon ....
- une forêt **publique** ➡ une forêt ....
- un bois **clairsemé** ➡ un bois ....
- un animal **sauvage** ➡ un animal ....

Comment as-tu réussi ?

⭐⭐ **Complète** chaque phrase en remplaçant les mots en gras par des synonymes : jadis - dévasté - lieu - essentielles - hordes - s'appelle - Terre - responsable.

- Les forêts sont **indispensables** pour lutter contre le réchauffement de la **planète**.
  ➡ Les forêts sont .... pour lutter contre le réchauffement de la ....
- Dans une forêt, un **endroit** où il n'y a pas d'arbres **se nomme** une clairière.
  ➡ Dans une forêt, un .... où il n'y a pas d'arbres .... une clairière.
- Un garde forestier est **chargé** de la surveillance d'une forêt.
  ➡ Un garde forestier est .... de la surveillance d'une forêt.
- L'été dernier, un incendie a **ravagé** cette forêt.
  ➡ L'été dernier, un incendie a .... cette forêt.
- **Autrefois**, de nombreuses **meutes** de loups vivaient dans les forêts européennes.
  ➡ ...., de nombreuses .... de loups vivaient dans les forêts européennes.

Comment as-tu réussi ?

Objectif 5 : Je comprends le sens des mots.

★ **Donne** à chaque phrase le numéro de la définition qui lui correspond.

De la **mousse** pousse sur les ardoises du toit.	n°......
Les **aiguilles** à broder ont un bout rond.	n°......
Ce gâteau est **fourré** avec une crème à la vanille.	n°......
Le sapin de Noël a perdu beaucoup d'**aiguilles**.	n°......
Le blaireau a disparu dans un **fourré**.	n°......
Ce savon **mousse** beaucoup.	n°......

1. Les feuilles des conifères.
2. Fait des petites bulles.
3. Un taillis, un buisson.
4. Garni à l'intérieur.
5. Une plante verte rase.
6. Une petite tige ayant un chas dans lequel on enfile un fil.

Comment as-tu réussi ?

★★ **Complète** les phrases en utilisant un des mots proposés en début de ligne.

laie - laid - lait
- Le fromage est fabriqué avec du ....
- Ce bâtiment est vraiment ....
- La .... est la femelle du sanglier.

eau - haut
- Après cette période de pluie, le sol est gorgé d'............................ .
- Des pies ont construit leur nid en .... du chêne.

canne - cane
- La .... est la femelle du canard.
- Il prend toujours une .... quand il va se promener en forêt.

Comment as-tu réussi ?

★★★ **Complète** les phrases en utilisant les mots de la liste : écorce - tronc - souche.

- Quand un arbre a été tronçonné, il reste la ....
- L'............................ de ces arbres est recouverte de lichen.
- Un zeste est un morceau de l'............................ de certains agrumes comme le citron et l'orange.
- Après avoir scié les branches, le bûcheron a coupé le .... du châtaignier.
- Le magma, composé de roches fondues et de gaz, se trouve sous l'............................ terrestre.
- La tête, les bras et les jambes sont fixés au ....
- Quand je remplis un chèque, j'inscris sur la .... la somme, la date et le destinataire.

Comment as-tu réussi ?

LA FORÊT

Objectif 6 : J'apprends à utiliser le dictionnaire.

★ **Écris la signification des abréviations :** masculin - féminin - nom - verbe - adjectif ou adverbe.

- n. ....
- v. ....
- adj. ....
- f. ....
- m. ....
- adv. ....

Comment as-tu réussi ?

★★ **Écris les mots dans l'ordre alphabétique.**

arbrisseau - arbuste - arbre

....

forestier - forêt - forestière

....

végétation - végéter - végétal

....

mousseux - moussu - mousse

....

Comment as-tu réussi ?

★★★ **Place les mots de la liste entre les mots repères (les mots écrits en gras en haut de chaque page du dictionnaire) :**

bourgeon - souche - caduc - feuillu - sanglier - forêt - bûcheron - conifère.

Mot repère de gauche		Mot repère de droite
bruyère	....	bulle
samedi	....	sanitaire
forer	....	forme
sortir	....	soudain
congrès	....	connaître
feuler	....	fibre
cachotterie	....	caducée
bourgeois	....	bourse

Comment as-tu réussi ?

LA FORÊT

Objectif 7 : Je mémorise les mots appris.

★ **Donne** à chaque définition le numéro du mot qui lui correspond.

Qui ne tombe pas à l'automne.	n°......
L'ensemble des végétaux qui poussent dans un endroit.	n°......
La partie d'une plante qui sert à la fixer au sol et qui lui permet d'absorber les aliments.	n°......
La partie du tronc entre le sol et les branches.	n°......
Un abri creusé dans la terre par certains animaux.	n°......
Une plante constituée de tiges très courtes, qui pousse sur les écorces, le sol et les pierres.	n°......

1. un terrier
2. une racine
3. le fût
4. la mousse
5. persistant
6. la végétation

Comment as-tu réussi ?

★★ **Complète** les séries avec les mots de la liste : une aiguille - l'orée - un taillis - une feuille - un fourré - un bord - un cône - un tronc.

- une branche - .... - ....
- un buisson - .... - ....
- une lisière - .... - ....
- un conifère - .... - ....

Comment as-tu réussi ?

★★ **Complète** les phrases avec les mots de la liste : branches - fagots - lichen - comestibles - sève - caduques - rameaux - bourgeons - troncs - conifères.

- Le père demanda au Petit Poucet et à ses frères de ramasser des .... et des .... pour en faire des ....
- En nous promenant dans la forêt, nous avons cueilli des champignons ....
- À l'automne, ces arbres à feuilles .... prennent de magnifiques couleurs rouge orangé.
- Un tiers des forêts françaises se compose de ....
- Les cerfs se nourrissent essentiellement de jeunes pousses et de ....
- La .... est le liquide qui circule dans les plantes et qui les nourrit.
- Le .... est un végétal formé de l'association d'un champignon et d'une algue qui pousse sur les pierres, les .... d'arbres et les toits.

Comment as-tu réussi ?

LA FORÊT

2. La mer

Imagier

une falaise	un embarcadère	un archipel	une anse
une presqu'île	une épave	une digue ou une jetée	un casier ou une nasse
un chalutier	un cargo	un paquebot	un remorqueur

Lexique

- **un crustacé** : un animal marin qui a une carapace et des pattes articulées (un crabe, une crevette, une langoustine…).
- **un coquillage** : un animal marin dont le corps mou est protégé par une coquille (un bigorneau, une moule, une huître…).
- **amarrer** : attacher un bateau à un point fixe avec des cordages. *Synonymes* : attacher, arrimer.
- **accoster** : se ranger le long d'un quai. *Contraires* : appareiller, quitter, lever l'ancre.
- **le goémon** : les algues rejetées par la mer. *Synonyme* : le varech.
- **une balise** : un signal ou un objet qui indique les endroits dangereux ou qui montre le chemin à suivre.
- **un golfe** : un endroit où la mer avance à l'intérieur des terres et forme un bassin. *Synonymes* : une baie, une rade.
- **échouer** : pour un bateau, toucher le fond de l'eau par accident.
- **sombrer** : pour un bateau, s'enfoncer dans la mer. *Synonymes* : couler, faire naufrage.
- **une croisière** : un voyage en bateau.
- **un matelot** : un membre de l'équipage d'un bateau. *Synonyme* : un marin.
- **un mousse** : un jeune apprenti marin chargé des corvées sur un navire (par exemple : nettoyer le pont).
- **un embrun** : une gouttelette formée par les vagues et emportée par le vent.
- **une crique** : une partie du rivage où la mer s'enfonce. C'est beaucoup plus petit qu'un golfe ou qu'une baie. *Synonyme* : une anse.

Objectif 1 : J'apprends des mots.

⭐ **Donne** à chaque définition le numéro du nom qui lui correspond.
Aide-toi de l'imagier.

Une côte élevée qui tombe à pic dans la mer.	n°......
Un groupe d'îles.	n°......
Un bateau qui a fait naufrage et qui est au fond de la mer ou sur le rivage.	n°......
L'endroit d'un port où l'on monte à bord d'un bateau.	n°......
Un mur qui empêche la mer de passer.	n°......
Un grand filet de pêche attaché à l'arrière d'un chalutier.	n°......

1. une digue
2. une épave
3. un chalut
4. une falaise
5. un archipel
6. un embarcadère

Comment as-tu réussi ?

⭐⭐ **Écris** le nom qui correspond à chaque définition (une lettre par case) :
casier - cargo - chalutier - paquebot - remorqueur.

- C'est un bateau de pêche. ☐☐☐☐☐☐☐☐
- C'est un bateau puissant qui sert à remorquer des bateaux. ☐☐☐☐☐☐☐☐☐
- C'est un grand bateau qui sert à transporter des marchandises. ☐☐☐☐☐
- C'est un grand bateau qui transporte des passagers. ☐☐☐☐☐☐☐☐
- C'est un panier que l'on met dans l'eau pour attraper des crustacés. ☐☐☐☐☐☐

Comment as-tu réussi ?

⭐⭐ **Complète** les phrases avec les mots de la liste : échouer - coquillages - mousse - crustacés - sombré - golfe - croisière - balises.

- Les langoustines, les langoustes, les crabes et les homards sont des ....
- Les moules, les palourdes, les coques et les bigorneaux sont des ....
- En avril 1912, le paquebot *Titanic* a .... après avoir heurté un iceberg.
- Lors de notre .... en paquebot en Méditerranée, nous avons navigué dans le .... du Lion.
- Sur un navire, le .... est chargé de différentes corvées comme le nettoyage du pont et l'épluchage des légumes.
- Des .... ont été installées autour de ce récif pour éviter aux bateaux de s'y ....

Comment as-tu réussi ?

LA MER

> *Objectif 2 : J'apprends à catégoriser.*

★ **Donne** à chaque nom le numéro de la catégorie à laquelle il appartient : 1. Les bateaux - 2. La mer.

un canot	n°........	un navire	n°........
une vague	n°........	un embrun	n°........
une barque	n°........	les flots	n°........
un voilier	n°........	un paquebot	n°........
une marée	n°........	un chalutier	n°........
un cargo	n°........	une écume	n°........
un océan	n°........	une baie	n°........

Comment as-tu réussi ?

★★ **Classe** les noms de la liste dans les catégories.
(Au besoin, utilise ton dictionnaire.)
une moule - une sardine - un homard - un thon - une crevette - un bigorneau - une huître - une raie - un crabe - une langoustine - une palourde - un saumon

Crustacés	Coquillages	Poissons
....	....	....
....	....	....
....	....	....
....	....	....

Comment as-tu réussi ?

★★ **Place** les noms dans leur catégorie : un dauphin - un pêcheur - un raz-de-marée - une falaise - une plage - la houle - un matelot - une baleine.

◆ Les mammifères marins : .... - ....

◆ Les mouvements de la mer : .... - ....

◆ Le rivage : .... - ....

◆ Les métiers : .... - ....

Comment as-tu réussi ?

Objectif 3 : J'apprends à construire des mots.

★ **Les familles de mots. Barre** l'intrus dans chaque ligne.
Entoure le radical des mots de la même famille.

- marin : marine - maritime - marinier - marina - narine - marinière
- île : îlot - îlien - îlienne - presqu'île - italien
- voilier : voile - voiler - voilure - voilerie - voiture
- embarcadère : embarquer - débarquer - embrassade - embarquement - embarcation - débarquer
- remorqueur : remorquer - remorque - remarque - remorqueuse - remorquage
- océan : océanique - océanographe - océanographique - océanographie - ocelot
- naviguer : navigateur - navigation - navigable - navigant - navet

Comment as-tu réussi ?

★★ **Trouve** des mots en utilisant des suffixes.

Le suffixe -age indique une action ou son résultat.	
Verbe	Nom
canoter	un **canot**age
remorquer	....
amarrer	....
échouer	....
accoster	....
appareiller	....
aborder	....
mouiller	....

Le suffixe -er sert à former des verbes.	
Nom	Verbe
le **sabl**e	**sabl**er
la pêche	....
une remorque	....
une ancre	....
une balise	....
une amarre	....
la barre	....
un appât	....

Comment as-tu réussi ?

★★ **Écris** des mots à partir des radicaux en y ajoutant un des éléments
de la liste : -igation / -isme / -ée / -tique / -al / -in / -culture / -ine / -ique / -rium / -iguer.
Exemple : naut- : naut**isme** - naut**ique**.

- mar- : .... - .... - ....
- aqua- : .... - .... - ....
- nav- : .... - .... - ....

Comment as-tu réussi ?

LA MER

Objectif 4 : Je comprends les synonymes.

LA MER

⭐ **Entoure** le synonyme du groupe nominal bleu dans chaque colonne.

une digue	un golfe	un bateau	un matelot	un casier
une vague	un port	une régate	un pilote	un filet
une rive	un pont	un sous-marin	un marin	un chalut
une passerelle	une baie	un phare	un peintre	une épuisette
une jetée	une falaise	une croisière	un chauffeur	une nasse
une marche	un rivage	un navire	un goémonier	un sac

Comment as-tu réussi ?

⭐⭐ **Complète** avec les adjectifs synonymes des mots en gras :
fragile - calme - abrupte - solide - téméraire - houleuse - grosse.

- une mer **d'huile** ➜ une mer ....
- une mer **agitée** ➜ une mer ....
- une embarcation **frêle** ➜ une embarcation ....
- un navigateur **intrépide** ➜ un navigateur ....
- une **forte** houle ➜ une .... houle
- une digue **résistante** ➜ une digue ....
- une falaise **escarpée** ➜ une falaise ....

Comment as-tu réussi ?

⭐⭐ **Complète** chaque phrase en remplaçant les mots en gras par des synonymes : barque - récit - recouvertes - anse - s'est renversée - écrit - goémon - jeté - violentes.

- En fin d'après-midi, ils ont **mouillé** l'ancre dans une petite **crique** à l'abri du vent.
  ➜ En fin d'après-midi, ils ont .... l'ancre dans une petite .... à l'abri du vent.
- Après de grandes marées et de **fortes** tempêtes, les plages sont **jonchées d'algues**.
  ➜ Après de grandes marées et de .... tempêtes, les plages sont .... de ....
- Vingt mille lieues sous les mers est un **roman rédigé** par Jules Verne en 1870.
  ➜ Vingt mille lieues sous les mers est un .... par Jules Verne en 1870.
- La **chaloupe a chaviré** à l'entrée du port.
  ➜ La .... à l'entrée du port.

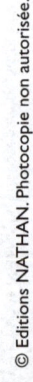

Comment as-tu réussi ?

Objectif 5 : Je comprends les contraires.

★ **Entoure** le contraire du verbe en bleu dans chaque colonne.
(Aide-toi du lexique.)

amarrer	appareiller	flotter	hisser	embarquer
attacher	plonger	démarrer	jeter	courir
pêcher	pousser	nager	pêcher	relever
sombrer	ramer	guetter	abaisser	nettoyer
détacher	décharger	couler	remorquer	débarquer
naviguer	accoster	quitter	amarrer	porter

Comment as-tu réussi ?

★★ **Complète** avec les adjectifs contraires pris dans la liste :
humide - bondé - habitée - basse - trouble - privée.

- une île **déserte** ➜ une île ....
- une marée **haute** ➜ une marée ....
- un quai **désert** ➜ un quai ....
- une plage **publique** ➜ une plage ....
- un sable **sec** ➜ un sable ....
- une eau **claire** ➜ une eau ....

Comment as-tu réussi ?

★★★ **Écris** le mot contraire de chaque mot en gras : interdite - jettent - soir - descend - accoste - disparaître - déteste - déchargent - relève.

- Les dockers **chargent** des marchandises. ➜ ....
- Les matelots **remontent** le chalut. ➜ ....
- Le **matin**, le pêcheur **pose** ses casiers. ➜ ....
- La pêche aux moules est **autorisée**. ➜ ....
- Julia **aime** manger du poisson. ➜ ....
- Le paquebot **lève l'ancre**. ➜ ....
- J'ai vu le sous-marin **apparaître**. ➜ ....
- La mer **monte** chaque jour. ➜ ....

Comment as-tu réussi ?

LA MER

Objectif 6 : Je comprends le sens des mots (homonymie et polysémie).

LA MER

★ **Donne** à chaque phrase le numéro de la définition qui lui correspond.

Le voilier a mouillé dans une **anse**.	n°......
Les **baleines** se nourrissent de plancton.	n°......
Mourad repeint la **coque** de son canot.	n°......
L'**anse** du panier est cassée.	n°......
Une rafale de vent a cassé quelques **baleines** de mon parapluie.	n°......
Il ouvre une **coque** et la mange.	n°......

1. Poignée d'un objet que l'on tient dans la main.
2. Coquillage comestible.
3. Tige en métal permettant de tendre un tissu.
4. Partie d'un bateau.
5. Mammifères marins.
6. Une petite baie.

Comment as-tu réussi ?

★★ **Complète** les phrases en utilisant un des mots bleus.

jetée - jeter

◆ Il ne faut pas .... ses papiers sur les trottoirs.

◆ Nous nous sommes promenés sur la .... du port.

golf - golfe

◆ L'île d'Arz est située dans le .... du Morbihan.

◆ Pierre joue souvent au ....

crique - cric

◆ Mounir soulève sa voiture avec un .... pour changer sa roue.

◆ Sonia va souvent se baigner dans une petite ....

Comment as-tu réussi ?

★★★ **Complète** les phrases en utilisant les noms de la liste : vase - baie - mousse.

◆ Antonine plaça le bouquet de pivoines dans un grand .... bleu.

◆ Lisa prépare une .... au chocolat pour le dessert.

◆ Les marées de la .... du Mont-Saint-Michel sont les plus grandes d'Europe.

◆ Le .... frotte le pont du navire.

◆ Le soleil pénètre dans le salon par une grande .... vitrée.

◆ Sur cette grève, il n'y a pas de sable mais des cailloux et de la ....

Comment as-tu réussi ?

Objectif 7 : Je comprends les expressions et les locutions.

★ **Donne** à chaque expression ou locution le numéro de la définition qui lui correspond.

Avoir le pied marin.	n°......
Mettre les voiles.	n°......
Noyer le poisson.	n°......
Rire comme une baleine.	n°......
Finir en queue de poisson.	n°......

1. Embrouiller quelqu'un.
2. Rire très fort.
3. Garder son équilibre sur un bateau.
4. Se terminer de manière décevante.
5. Partir.

Comment as-tu réussi ?

★★ **Complète** chaque expression ou locution avec un mot de la liste :
compliqué - à l'aise - déçu - situation - se coucher.

- **Le marchand de sable est passé** signifie qu'il est l'heure d'aller ....
- **Rester le bec dans l'eau** signifie qu'on est ...., qu'on n'a pas obtenu ce qu'on voulait.
- **Ce n'est pas la mer à boire** signifie que ce n'est pas aussi .... qu'on le croit.
- **Être dans le même bateau** signifie être dans la même .... difficile que quelqu'un.
- **Être comme un poisson dans l'eau** signifie être très ....

Comment as-tu réussi ?

★★ **Complète** les expressions et les locutions avec les noms de la liste :
marées - bateau - sable - marin - vagues - tempête.

- Tromper quelqu'un en lui mentant, c'est **mener quelqu'un en** ....
- Beaucoup de bruit et d'agitation pour rien, c'est **une** .... **dans un verre d'eau**.
- Agir malgré tous les obstacles, c'est **agir contre vents et** ....
- Se lancer dans un projet sans bases solides, c'est **bâtir sur du** ....
- Ne pas savoir bien naviguer, c'est **être un** .... **d'eau douce**.
- Provoquer des réactions vives, c'est **faire des** ....

Comment as-tu réussi ?

LA MER

Objectif 8 : J'apprends à utiliser le dictionnaire.

| a | b | c | d | e | f | g | h | i | j | k | l | m | n | o | p | q | r | s | t | u | v | w | x | y | z |

★ **Écris** la signification des abréviations : conjugaison - masculin - pluriel - nom - contraire ou adverbe.

- n. ....
- m. ....
- contr. ....
- adv. ....
- pl. ....
- conjug. ....

Comment as-tu réussi ?

★★ **Écris** les mots dans l'ordre alphabétique.

- marin - marée - marine

....

- balise - baie - baleine

....

- chalutier - cargo - casier

....

- épave - échouer - écoper

....

Comment as-tu réussi ?

★★★ **Place** les mots de la liste entre les mots repères. (Les mots repères sont écrits en gras en haut de chaque page du dictionnaire.)

ancre - archipel - crustacé - embarcadère - anse - appareiller - embrun - coquillage

Mot repère de gauche		Mot repère de droite
émaner	....	embaumer
annulaire	....	antédiluvien
embranchement	....	émeraude
copine	....	cor
arche	....	arête
analphabète	....	androïde
cru	....	cube
apitoyer	....	apparent

Comment as-tu réussi ?

Objectif 9 : Je mémorise les mots appris.

★ **Trouve** dans la grille les mots qui correspondent aux définitions. **Entoure**-les.

H	C	R	O	I	S	I	È	R	E	T
M	A	R	É	E	M	O	N	T	E	R
T	A	C	H	A	L	U	T	I	E	R
A	P	P	A	R	E	I	L	L	E	R
M	A	T	E	L	O	T	Î	L	O	T
S	E	L	V	A	R	E	C	H	A	S

◆ Bateau muni d'un grand filet.
◆ Synonyme de goémon.
◆ Synonyme de marin.
◆ Voyage touristique en bateau.
◆ Contraire d'accoster.
◆ Mouvement de la mer.

Comment as-tu réussi ?

★★ **Réponds** aux questions en t'aidant au besoin de l'imagier et du lexique.

◆ Que fait la mer chaque jour ? Elle .... et elle ....
◆ Que fait-on quand on amarre un bateau ? On l'..................... .
◆ Quels objets sont utilisés pour indiquer des endroits dangereux en mer ?
  On utilise des ....
◆ Comment appelle-t-on le panier avec lequel on pêche des crustacés ?
  Ce panier s'appelle un .... ou une ....

Comment as-tu réussi ?

★★ **Complète** les phrases avec les mots de la liste : sombré - archipel - embruns - crustacés - épaves - presqu'île - chalut - plage - navires.

◆ Les îles d'Hyères, en Méditerranée, forment un ....
◆ La mer borde les deux côtés de la route qui mène à la .... de Quiberon.
◆ Les langoustines sont des .... qui se pêchent au ....
◆ Le vent était si fort que nous avons été trempés par les .... au cours de notre promenade sur la ....
◆ Les chasseurs d'..................... essaient de retrouver les restes de .... qui ont ....

Comment as-tu réussi ?

3. Les métiers

Imagier

un illusionniste ou un prestidigitateur  | une apicultrice  | une libraire  | un couvreur

un romancier ou un écrivain  | un sculpteur  | un éboueur  | une palefrenière

Lexique

- **un maraîcher :** il cultive des légumes pour les vendre.
- **un journaliste :** il informe le public dans les journaux, à la radio ou à la télévision. *Synonyme :* un reporter.
- **un notaire :** il rédige des actes de vente et des contrats en les garantissant devant la loi.
- **un avocat :** il aide les gens à comprendre la loi et à se défendre devant un tribunal.
- **un commerçant :** il achète et vend des marchandises. *Synonyme :* un marchand.
- **un éditeur :** il publie des livres.
- **un fermier :** il exploite une ferme. *Synonymes :* un cultivateur, un agriculteur, un paysan, un exploitant agricole.
- **un antiquaire :** il achète et vend des objets et des meubles anciens. *Synonyme :* un brocanteur.
- **un épicier :** il vend des produits d'alimentation.
- **un maroquinier :** il fabrique et/ou vend des objets en cuir.
- **un quincaillier :** il vend des outils, des ustensiles de ménage.
- **un archéologue :** il cherche et analyse des vestiges du passé.
- **un charpentier :** il fabrique et pose les pièces en bois ou en métal qui soutiennent les constructions.
- **un artisan :** il fait un travail manuel et est son propre patron.
- **un métier :** un travail que l'on fait pour gagner de l'argent. *Synonyme :* une profession.
- **un salaire :** l'argent que l'on perçoit pour son travail. *Synonymes :* une paie, une rémunération.

Objectif 1 : J'apprends des mots.

LES MÉTIERS

★ **Donne** à chaque phrase le numéro du mot qui lui correspond.
Aide-toi de l'imagier.

Il écrit des romans.	n°......
Il fait des tours de magie.	n°......
Il élève des abeilles.	n°......
Il construit et répare les toitures.	n°......
Il ramasse les ordures ménagères.	n°......
Il est chargé du soin des chevaux.	n°......

1. un apiculteur
2. un éboueur
3. un romancier
4. un palefrenier
5. un prestidigitateur
6. un couvreur

Comment as-tu réussi ?

★★ **Écris** le nom après chaque phrase qui lui correspond (une lettre par case) :
maroquinier - quincaillier - maraîcher - fermier - épicier.

♦ Ma mère lui achète des légumes. ☐☐☐☐☐☐☐☐

♦ Dans sa vitrine, il y a de beaux cartables en cuir. ☐☐☐☐☐☐☐☐☐☐

♦ Il vend des produits alimentaires. ☐☐☐☐☐☐☐

♦ Il cultive la terre. ☐☐☐☐☐☐

♦ Dans sa boutique, on peut acheter des clous et des pointes. ☐☐☐☐☐☐☐☐☐☐☐

Comment as-tu réussi ?

★★ **Complète** les phrases avec les mots de la liste : libraires - artisans - journaliste - archéologues - antiquaires - sculpteur - écrivain - notaire - éditeur.

♦ Le .... sportif commente le match de rugby.

♦ Lorsqu'un .... a terminé son roman, il le remet à un .... qui le publie. Le livre est ensuite expédié chez les .... pour être vendu.

♦ Grâce à leurs fouilles, les .... nous aident à mieux comprendre le passé.

♦ Augustin aime aller chez les .... pour acheter des vieux objets.

♦ Valérie a rendez-vous chez le .... pour signer l'acte de vente de sa maison.

♦ La statue de la Liberté qui est à l'entrée du port de New York a été réalisée par le .... français Auguste Bartholdi.

♦ Ils ont fait appel à différents .... pour rénover leur fermette.

Comment as-tu réussi ?

LES MÉTIERS

Objectif 2 : J'apprends à catégoriser.

★ **Donne** à chaque nom le numéro de la catégorie à laquelle il appartient : 1. Métiers du bâtiment - 2. Commerçants.

un couvreur	n°........	un maroquinier	n°........
un libraire	n°........	un fromager	n°........
un charpentier	n°........	un quincaillier	n°........
un menuisier	n°........	un électricien	n°........
un épicier	n°........	un plombier	n°........
un maçon	n°........	un poissonnier	n°........

Comment as-tu réussi ?

★★ **Place** les noms dans leur catégorie : avocat - maraîcher - fromager - romancier - gendarme - sculpteur - notaire - épicier - peintre.

◆ alimentation : .... - .... - ....

◆ loi : .... - .... - ....

◆ arts : .... - .... - ....

Comment as-tu réussi ?

★★ **Trouve** et **écris** le nom de chaque catégorie puis **complète** la série correspondante :

catégories : apiculture - ferme - écurie - librairie.

mots : miel - chevaux - tracteur - albums.

◆ .... : champ - cultiver - bétail - étable - ....

◆ .... : bandes dessinées - romans - dictionnaires - vendre - ....

◆ .... : ruche - abeilles - cire - élever - ....

◆ .... : palefrenier - selle - soigner - box - ....

Comment as-tu réussi ?

Objectif 3 : J'apprends à construire des mots (1).

★ **Les familles de mots. Barre** l'intrus dans chaque ligne.
Entoure le radical des mots de la même famille.

- romancier : romancière - roman - romancer - romanesque - romain
- commerçant : commerçante - commune - commerce - commercer - commercial
- journaliste : journalisme - journal - journalistique - joueur - journellement
- illusionniste : illusion - illusionner - illuminer - illusionnisme - désillusion
- marchand : marchande - marchandise - marcassin - marchander - marchandage
- fermier : fertile - ferme - fermière - fermette - fermage
- architecte : architecture - architectural - architecturalement - archipel

Comment as-tu réussi ?

★★ **Trouve** des mots en utilisant des suffixes.

Nom masculin (métier)	Nom féminin (métier)	Nom féminin (lieu)
un crémier	une crémière	une crémerie
un épicier	....	....
....	une infirmière	....
un bijoutier	....	....
....	....	une maroquinerie
un quincaillier	....	....
....	une pâtissière	....

Comment as-tu réussi ?

★★★ **Complète** le tableau en construisant des mots à partir d'éléments du grec ancien.

	-logie (étude)	-logue (métier)
(grotte) **spéléo-**	....	....
(animal) **zoo-**	....	....
(homme) **anthropo-**	....	....
(terre) **géo-**	....	....
(esprit) **psycho-**	....	....
(peau) **dermato-**	....	....

Comment as-tu réussi ?

Objectif 4 : J'apprends à construire des mots (2).

★ **Entoure** et **écris** le radical des mots de chaque famille.

- .... : marchande - marchandise - marchandage - marchander
- .... : vendeur - vendeuse - vendu - vendre
- .... : coiffeuse - coiffeur - coiffure - coiffage - décoiffer
- .... : animateur - animer - animation - animatrice
- .... : éditrice - édition - éditer - éditeur - rééditer
- .... : décorateur - décoration - décoratif - décoratrice

Comment as-tu réussi ?

★★ **Trouve** des mots en utilisant des suffixes.

une anima**trice**	un anima**teur**
une éditrice	....
....	un décorateur
une agricultrice	....
....	un directeur
une dessinatrice	....
....	un inspecteur

un violon	un violon**iste**
une fleur	....
....	un journaliste
une auberge	....
....	un dentiste
un garage	....
....	un bagagiste

Comment as-tu réussi ?

★★★ **Complète** le tableau en construisant des mots à partir d'éléments d'origine latine.

	-culture (action de cultiver)	-culteur (métier masculin)	-cultrice (métier féminin)
(arbre) **arbori-**	arboriculture	arboriculteur	arboricultrice
(poisson) **pisci-**	....	....	....
(abeille) **api-**	....	....	....
(vigne) **viti-**	....	....	....
(champ) **agri-**	....	....	....

Comment as-tu réussi ?

Objectif 5 : Je comprends les synonymes.

⭐ **Entoure** le synonyme du groupe nominal bleu dans chaque colonne.

un romancier	une fermière	un commerçant	un illusionniste	un journaliste
un journaliste	une couturière	un dentiste	un trapéziste	un poète
un animateur	une agricultrice	un architecte	un prestidigitateur	un photographe
un acteur	une directrice	un cultivateur	un équilibriste	un livreur
un écrivain	une romancière	un marchand	un clown	un reporter
un éditeur	une bouchère	un géologue	un comédien	un policier

Comment as-tu réussi ?

⭐⭐ **Complète** avec un adjectif synonyme de l'adjectif en gras :
habile - pénible - sympathique - éreintante - itinérant.

- un métier **difficile** ➜ un métier ....
- une tâche **fatigante** ➜ une tâche ....
- un ouvrier **adroit** ➜ un ouvrier ....
- un vendeur **aimable** ➜ un vendeur ....
- un marchand **ambulant** ➜ un marchand ....

Comment as-tu réussi ?

⭐⭐ **Complète** chaque phrase en remplaçant chaque mot en gras par un synonyme : la profession - chalut - procédé à - un magasin - dernièrement - raccommode - prochainement - méticuleuse - embauché.

- Le pêcheur **remmaille** son **filet**.
  Le pêcheur .... son ....
- Le garagiste a **fait** une révision **minutieuse** de la voiture.
  Le garagiste a .... une révision ....
  de la voiture.
- Hector a été **récemment engagé** dans un hôtel.
  Hector a été .... dans un hôtel.
- Jessica exerce **le métier** de médecin dans une clinique.
  Jessica exerce .... de médecin dans une clinique.
- **Bientôt**, Kenza ouvrira **une boutique** de vêtements.
  ...., Kenza ouvrira .... de vêtements.

Comment as-tu réussi ?

Objectif 6 : Je comprends les contraires.

LES MÉTIERS

★ **Entoure** le contraire du mot bleu dans chaque colonne.

embaucher	vendre	planter	réparer	construire	licencier
construire	compter	arroser	détériorer	inventer	servir
écrire	acheter	labourer	embellir	carreler	balayer
dessiner	engager	bêcher	restaurer	bâtir	inventer
licencier	soigner	déplanter	peindre	assembler	semer
pêcher	ausculter	sarcler	tapisser	démolir	engager

Comment as-tu réussi ?

★★ **Complète** avec un adjectif contraire de l'adjectif en gras : provisoire - inexpérimenté - célèbre - ennuyeux - ancien - résidentiel.

- un dessinateur **inconnu** ➜ un dessinateur ....
- un quartier **industriel** ➜ un quartier ....
- un apprenti **expérimenté** ➜ un apprenti ....
- un travail **intéressant** ➜ un travail ....
- un **nouvel** employé ➜ un .... employé
- un emploi **permanent** ➜ un emploi ....

Comment as-tu réussi ?

★★★ **Écris** le mot contraire de chaque mot en gras : engagé - définitivement - refusé - ennuyeuse - ôté - énormément - agréable.

- L'éditeur a **accepté** le dernier roman d'Yves. ➜ ....
- Le bijoutier a **provisoirement** fermé sa boutique. ➜ ....
- Le restaurateur a **renvoyé** un serveur. ➜ ....
- La conférence du professeur était **passionnante**. ➜ ....
- Ce **client** est **désagréable**. ➜ ....
- Il y avait **peu** de monde dans la quincaillerie. ➜ ....
- L'avocat n'a pas encore **enfilé** sa robe. ➜ ....

Comment as-tu réussi ?

Objectif 7 : Je comprends le sens des mots (homonymie et polysémie).

★ **Donne** à chaque phrase le numéro de la définition qui lui correspond.

Hector, qui est notaire, vient d'être engagé dans une **étude** à Lyon. n°......	1. Personne qui tient un restaurant.
Le **restaurateur** nettoie un tableau ancien. n°......	2. Lieu de travail.
En entrée, Hugues a mangé un **avocat** aux crevettes. n°......	3. Personne qui assiste ses clients en justice.
Jérémie est passionné d'histoire. En ce moment, il lit une **étude** sur le Moyen Âge. n°......	4. Personne qui répare des œuvres d'art.
Lors de son procès, Émile a été bien défendu par son **avocat**. n°......	5. Fruit comestible.
Le **restaurateur** accueille les clients et les conduit à leur table. n°......	6. Ouvrage consacré à un sujet.

Comment as-tu réussi ?

★★ **Relie** chaque définition au mot qui lui correspond.

Le contraire de mou. • • patron • • Personne qui dirige des employés.

Bâtiment dans lequel on rend la justice. • • ferme • • Meuble à tiroirs.

Personne qui répond au téléphone, qui s'occupe du courrier et prend des rendez-vous. • • tribunal • • Ensemble des bâtiments et des terres d'un cultivateur.

Modèle en papier d'un vêtement. • • secrétaire • • Ensemble des magistrats qui rendent la justice.

Comment as-tu réussi ?

★★★ **Complète** les phrases en utilisant un des mots bleus.

marchand - marchant
- Il s'est blessé au pied en .... sur un coquillage.
- Le .... de chaussures solde son stock.

toi - toit
- Le couvreur est monté sur le .... pour remplacer les ardoises cassées.
- Dépêche-.................... de ranger tes crayons !

compte - comte - conte
- Charles Perrault, écrivain du XVIIᵉ siècle, a écrit le .... Cendrillon.
- Le caissier .... la recette de sa caisse.
- Le terme .... désigne un titre de noblesse.

Comment as-tu réussi ?

Objectif 8 : J'apprends à utiliser le dictionnaire.

| a | b | c | d | e | f | g | h | i | j | k | l | m | n | o | p | q | r | s | t | u | v | w | x | y | z |

★ **Écris** la signification des abréviations : préposition - heure - féminin - pluriel - adjectif ou kilomètre.

- f. ....
- km ....
- adj. ....
- prép. ....
- h. ....
- pl. ....

Comment as-tu réussi ?

★★ **Écris** les mots dans l'ordre alphabétique.

- boulanger - boutique - boucher

....

- dessinateur - décoratrice - décorateur

....

- inspecteur - inspectrice - instituteur

....

- architecte - archéologue - arboriculteur

....

Comment as-tu réussi ?

★★★ **Place** les mots de la liste entre les mots repères. (Les mots repères sont les mots écrits en gras en haut de chaque page du dictionnaire.)

journaliste - avocat - épicier - antiquaire - agriculteur - éboueur - joaillier - éditeur

Mot repère de gauche		Mot repère de droite
jeûner	....	joli
éden	....	édulcoré
aviateur	....	avoir
anticyclone	....	antre
épice	....	épingle
journal	....	juge
agresser	....	aider
éberlué	....	écarlate

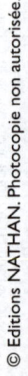

Comment as-tu réussi ?

Objectif 9 : Je mémorise les mots appris.

★ **Trouve** dans la grille les mots qui correspondent aux définitions. **Entoure**-les.

P	R	O	F	E	S	S	I	O	N	E
M	A	R	O	Q	U	I	N	I	E	R
I	N	O	T	A	I	R	E	S	O	N
P	A	Y	E	S	A	V	O	C	A	T
A	G	R	I	C	U	L	T	E	U	R
R	O	I	M	A	R	C	H	A	N	D

◆ Il s'occupe des ventes et des achats de biens.
◆ Synonyme de commerçant.
◆ C'est un fruit et une profession.
◆ Il vend des bagages en cuir.
◆ Synonyme de fermier.
◆ Synonyme de métier.

Comment as-tu réussi ?

★★ **Réponds** aux questions en t'aidant au besoin de l'imagier et du lexique.

◆ À qui s'adresse-t-on pour publier un livre ? ➡ On s'adresse à ....
◆ Que reçoivent les gens en échange de leur travail ?
   ➡ Ils reçoivent un .... ou une ....
◆ Qui fait des fouilles pour trouver des traces du passé ? ➡ C'est ....
◆ Qui produit des légumes et les vend ? ➡ C'est ....
◆ Qui réalise des reportages pour nous informer ? ➡ C'est ....
◆ Qui soigne les chevaux et nettoie leurs box ? ➡ C'est ....

Comment as-tu réussi ?

★★★ **Complète** les phrases avec les mots de la liste : romancier - prestidigitateur - antiquaire - artisan couvreur - sculpteur - éboueurs - métier - librairie - apiculteur.

◆ Dans son spectacle, le .... a fait disparaître puis réapparaître une colombe.
◆ Pour pouvoir vivre de son ...., un .... doit posséder au moins trois cents ruches.
◆ *Charlie et la chocolaterie* et d'autres livres du .... Roald Dahl sont exposés dans la vitrine de la ....
◆ *Le Penseur* est une statue en bronze du .... Auguste Rodin.
◆ C'est grâce aux .... que nos villes et nos villages restent propres.
◆ Ils ont acheté cette coiffeuse du XVIIIe siècle chez un .... à Nantes.
◆ Pour pouvoir refaire lui-même le toit de sa maison, Olivier a fait un stage chez un ....

Comment as-tu réussi ?

4. La musique

Imagier

- une portée avec une clé
- un orchestre 
- une fanfare 
- un album (musical) 
- un métronome 
- un tuba et un piston 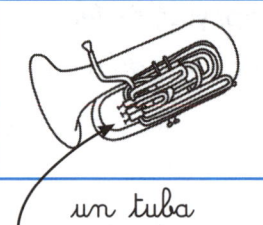
- un banjo 
- une timbale et des mailloches 

Lexique

- **une symphonie :** un morceau de musique assez long interprété par un orchestre.
- **un canon :** un chant dans lequel plusieurs groupes de chanteurs partent les uns après les autres en répétant les mêmes paroles.
- **une comédie musicale :** un spectacle musical chanté et dansé.
- **une mélodie :** une succession de notes musicales formant un air agréable.
  Synonymes : un air, une chanson, une musique.
- **un opéra :** une pièce de théâtre chantée accompagnée par un orchestre.
- **un concert :** un spectacle au cours duquel des œuvres musicales sont interprétées.
  Synonyme : un récital.
- **un choriste :** une personne qui chante dans un chœur ou une chorale.
- **un interprète :** une personne qui exécute une œuvre musicale.
  Synonymes : un instrumentiste, un musicien, un chanteur.
- **une cantatrice :** une chanteuse d'opéra. *Synonyme* : une diva.
- **le jazz :** un nom d'origine anglaise donné à une musique créée au début du XXe siècle dans les communautés noires et créoles du sud des États-Unis d'Amérique.
- **composer :** écrire une œuvre musicale.
- **accorder :** régler le son d'un instrument de musique.
- **enregistrer :** fixer un son sur un support.
- **un luthier :** une personne qui fabrique, répare ou vend des instruments de musique à cordes comme les violons, les violoncelles, les guitares.
- **un instrument à vent :** un instrument dont le son est produit par la vibration de l'air comme le tuba, le saxophone, le hautbois, le biniou, la cornemuse, l'accordéon.
- **un instrument à cordes :** un instrument dont le son est produit par la vibration de cordes que l'on frappe, pince ou frotte comme le piano, le violoncelle, la harpe.
- **un instrument à percussion :** un instrument dont le son est produit en le frappant comme le tambour, la timbale, le triangle, le carillon, les cymbales.

Objectif 1 : J'apprends des mots.

⭐ **Donne** à chaque définition le numéro du mot qui lui correspond.

Un groupe de musiciens.	n°......
Un orchestre composé d'instruments en cuivre (trompettes, trombones, cors, tubas) et de tambours.	n°......
Un petit instrument servant à battre la mesure lorsqu'on exécute un morceau de musique.	n°......
Une série de cinq lignes parallèles et horizontales sur lesquelles des notes de musique sont placées.	n°......
Un instrument de musique à vent appartenant à la famille des cuivres et muni de trois pistons.	n°......
Un instrument de musique à percussion dont la caisse est arrondie et que l'on frappe avec des mailloches.	n°......

1. une portée
2. un tuba
3. une timbale
4. un orchestre
5. une fanfare
6. un métronome

Comment as-tu réussi ?

⭐⭐ **Complète** les phrases avec les mots de la liste qui correspondent : concert - vent - luthier - canon - album - composée - accorde.

● Un disque comportant plusieurs œuvres musicales est un ....

● Mon frère a cassé son violon. Pour le faire réparer, il l'a porté chez le ....

● La maîtresse a fait trois groupes d'élèves pour chanter *Frère Jacques* en ....

● Le biniou, la cornemuse et le saxophone sont des instruments à ....

● La *Cinquième Symphonie* .... par Ludwig van Beethoven est très connue.

● Le violoniste .... son instrument avant le ....

Comment as-tu réussi ?

⭐⭐ **Complète** les phrases avec les mots de la liste : enregistrée - jazz - cantatrice - opéra - comédie musicale - interprète - mélodie - choriste.

● Ana est .... Elle fait partie du chœur de l'Orchestre de Paris.

● Le blues et le .... sont des musiques créées par la communauté noire des États-Unis d'Amérique.

● *Carmen* est un .... dont Georges Bizet a écrit la musique.

● La dernière chanson que cet .... a .... est un succès.

● Pour endormir son bébé, Luc met en marche une boîte à musique qui produit une douce ....

● *La Belle et la Bête* est une .... inspirée d'un conte.

● La .... Nathalie Dessay a interprété le rôle de Juliette dans l'opéra *Roméo et Juliette*.

Comment as-tu réussi ?

Objectif 2 : J'apprends à catégoriser.

LA MUSIQUE

★ **Attribue** à chaque nom le numéro de la catégorie à laquelle il appartient : 1. Les métiers de la musique - 2. Les genres musicaux.

un choriste	n°......	le rap	n°......
le jazz	n°......	un pianiste	n°......
un chanteur	n°......	un interprète	n°......
la musique classique	n°......	le rock	n°......
le slam	n°......	un violoniste	n°......
un musicien	n°......	un compositeur	n°......
le blues	n°......	la musique pop	n°......

Comment as-tu réussi ?

★★ **Complète** les catégories avec les mots qui leur correspondent.
Mots : un luthier - une choriste - un orchestre - une comédie musicale - une cantatrice - un opéra - un chœur - un accordeur.

Catégories

- les supports de fichiers musicaux ➙ un baladeur - un CD
- les métiers concernant les instruments ➙ ....
- les chanteurs ➙ ....
- les spectacles musicaux ➙ ....
- les groupes musicaux ➙ ....

Comment as-tu réussi ?

★★ **Classe** les noms de la liste dans les catégories : un tuba - un banjo - un piano - des cymbales - une guitare - un triangle - un biniou - un violoncelle - un hautbois - un carillon - une harpe - une timbale - une trompette - un accordéon.

Instruments à cordes	Instruments à percussion	Instruments à vent
....	....	....
....	....	....
....	....	....
....	....	....
....	....	....

Comment as-tu réussi ?

Objectif 3 : J'apprends à construire des mots.

⭐ **Les familles de mots. Barre** l'intrus dans chaque ligne.
Entoure le radical des mots de la même famille.

- instrument : instrumentiste - inspection - instrumental - instrumentation - instrumentale
- accorder : accordeur - accordeuse - raccorder - raccordement - cordialement
- chanter : chantier - chanteur - chanteuse - chantonner - chant
- musique : musical - musicien - museau - musicalement - musicale
- enregistrer : enregistrement - enrichir - enregistrable - enregistreur - enregistreuse
- composer : compositeur - composition - compositrice - décomposer - comportement
- harmonie : harmonieux - harpiste - harmonieusement - harmoniser - harmonisation

Comment as-tu réussi ?

⭐⭐ **Complète** le tableau.

	Radical	Suffixe
chanteur	chant-	-eur
chanteuse	....	....
compositeur	....	....
compositrice	....	....
spectateur	....	....
spectatrice	....	....

Comment as-tu réussi ?

⭐⭐⭐ **Complète** les tableaux.

	Radical	Suffixe
....	saxophon-	-iste
harpiste	....	....
violoniste	....	....
accordéoniste	....	....
....	accord-	-eur
enregistreur	....	....

	Radical	Suffixe
....	mélod-	-ieux
mélodieuse	....	....
harmonieux	....	....
....	music-	-ienne
....	sono-	-rité
orchestrale	....	....

Comment as-tu réussi ?

Objectif 4 : Je comprends les synonymes.

★ **Entoure** le synonyme du groupe nominal bleu dans chaque colonne.

un concert	une mélodie	une cantatrice	un interprète	un musicien
un festival	une symphonie	une danseuse	un couturier	un chanteur
un groupe	un air	une comédienne	un chanteur	un danseur
une chorale	un canon	une réalisatrice	un luthier	un choriste
un récital	une comédie	une pianiste	un ingénieur	un instrumentiste
un conte	un opéra	une diva	une star	un accordeur

Comment as-tu réussi ?

★★ **Récris** chaque groupe nominal avec l'adjectif synonyme de l'adjectif en gras : moderne - harmonieuse - doué - nouvelle - triste - célèbre.

- une voix **mélodieuse** → ....
- une chanson **récente** → ....
- un opéra **contemporain** → ....
- un violoniste **illustre** → ....
- un interprète **talentueux** → ....
- une musique **mélancolique** → ....

Comment as-tu réussi ?

★★ **Récris** chaque phrase en remplaçant chaque mot en gras par un synonyme : s'occupent - musiciens - écrit - toile - peint - installées - accueillir - nommée.

- En 1910, Pablo Picasso a peint une **œuvre intitulée** Le Guitariste.

  ....

- *Pierre et le Loup* est un conte musical **composé** par Serguei Prokofiev.

  ....

- Dans son tableau *L'Orchestre de l'Opéra*, Edgar Degas a **représenté** quelques-uns de ses amis.

  ....

- La fosse de l'Opéra Bastille peut **contenir** cent trente **instrumentistes**.

  ....

- Deux jeunes apiculteurs **prennent soin** des ruches qui sont **placées** sur le toit de l'Opéra Garnier à Paris.

  ....

Comment as-tu réussi ?

Objectif 5 : Je comprends les contraires.

★ **Entoure** le contraire du mot bleu dans chaque colonne.

accorder	applaudir	aimer	annuler	régler
ranger	acclamer	adorer	décommander	accorder
enregistrer	ovationner	apprécier	renoncer	dérégler
écouter	acclamer	détester	dissoudre	adapter
désaccorder	féliciter	estimer	confirmer	ajuster
jouer	huer	chérir	résilier	organiser

Comment as-tu réussi ?

★★ **Récris** chaque groupe nominal avec l'adjectif contraire de l'adjectif en gras :
juste - ancienne - médiocre - gaie - désagréable - inconnu.

◆ un chant **mélodieux** → ....

◆ chanter **faux** → ....

◆ une chanson **moderne** → ....

◆ un pianiste **illustre** → ....

◆ un interprète **talentueux** → ....

◆ une musique **mélancolique** → ....

Comment as-tu réussi ?

★★★ **Récris** les phrases en remplaçant les mots en gras par des contraires :
moderne - félicité - ont sifflé - aisée - différé - quittent - parfois.

◆ Les spectateurs **ont acclamé** le chanteur.
....

◆ Les musiciens **s'installent dans** la fosse d'orchestre.
....

◆ Le chef d'orchestre a **réprimandé** un des violonistes.
....

◆ Pour Dimitri, l'apprentissage du solfège était une tâche **laborieuse**.
....

◆ J'écoute **régulièrement** de la musique **classique**.
....

◆ La représentation de l'opéra est retransmise en **direct**.
....

Comment as-tu réussi ?

Objectif 6 : Je comprends le sens des mots (homonymie et polysémie).

LA MUSIQUE

★ **Donne** à chaque définition le numéro de la phrase qui lui correspond.

Une arme de guerre qui lance des projectiles.	n°......
Une figure géométrique à trois côtés.	n°......
Une pièce de théâtre avec chants et musique.	n°......
Un chant à plusieurs voix décalées.	n°......
Un théâtre.	n°......
Un instrument à percussion.	n°......

1. Nous avons chanté *Vive le vent* en canon.
2. Henri joue du triangle.
3. J'ai acheté des billets pour aller à l'Opéra.
4. Maria Callas était une chanteuse d'opéra.
5. Il y a un vieux canon à l'entrée du château.
6. Un triangle équilatéral a trois côtés égaux.

Comment as-tu réussi ?

★★ **Relie** chaque définition au mot qui lui correspond.

Disque comportant plusieurs morceaux de musique. • **tuba** • Objet qui sert à ouvrir ou fermer une serrure.

Tube permettant de respirer quand on a la tête sous l'eau. • **timbale** • Ensemble des petits qu'une femelle met bas en une seule fois.

Ensemble de lignes sur lesquelles on écrit des notes de musique. • **clé** • Livre comportant des illustrations.

Signe placé au début d'une portée. • **portée** • Instrument de musique à vent de la famille des cuivres.

Gobelet métallique. • **album** • Instrument à percussion.

Comment as-tu réussi ?

★★★ **Complète** les phrases en utilisant un des mots bleus.

voix - voie - voit
♦ Il y a des travaux sur la .... ferrée.
♦ Ce chanteur a une .... grave.
♦ De son fauteuil, il .... bien la scène.

cœur - chœur
♦ Eugénie chante dans le .... qui accompagne l'orchestre.
♦ Le .... est un organe.

air - aire - ère
♦ Le nom .... est synonyme du nom surface.
♦ J'aime bien l'................ qu'il chante.
♦ L'homme est apparu sur la Terre à l'................ quaternaire.

Comment as-tu réussi ?

Objectif 7 : Je comprends les expressions et les locutions.

★ **Donne** à chaque expression le numéro de la définition qui lui correspond.

Aller plus vite que la musique.	n°......
Avoir le nez en trompette.	n°......
En avant la musique.	n°......
Chanter comme une casserole.	n°......
À cor et à cri.	n°......
Un violon d'Ingres.	n°......

1. À grand bruit et avec beaucoup d'insistance.
2. Chanter faux.
3. Faire les choses trop rapidement.
4. Avoir le nez retroussé.
5. Un passe-temps favori.
6. Allons-y !

Comment as-tu réussi ?

★★ **Complète** avec les mots de la liste : protéger - inutile - autorité - plis - savoir - opinion.

- **C'est comme si on chantait** veut dire : c'est tout à fait ....
- **Mener à la baguette** veut dire : commander avec ....
- **Connaître la musique** veut dire : .... s'y prendre.
- **N'entendre qu'un son de cloche** veut dire : ne connaître qu'une ...., une version des faits.
- **Mettre quelqu'un sous cloche** veut dire : le .... contre tous les dangers.
- **Avoir les chaussettes en accordéon** veut dire : avoir les chaussettes qui font des ....

Comment as-tu réussi ?

★★ **Complète** avec les groupes de mots de la liste :
chante - en fanfare - tambour battant - accélérer la cadence - réglé comme du papier à musique - accordé leurs violons - sans tambour ni trompette.

- Il est parti sans attirer l'attention. ➡ Il est parti ....
- Ce fut un réveil brusque. ➡ Ce fut un réveil ....
- Ils se sont mis d'accord. ➡ Ils ont ....
- Il faut aller plus vite ! ➡ Il faut .... !
- C'était très bien organisé. ➡ C'était ....
- Je le ferai si cela me plaît. ➡ Je le ferai si cela me ....
- Ce fut mené énergiquement et avec détermination. ➡ Ce fut mené ....

Comment as-tu réussi ?

Objectif 8 : J'apprends à utiliser le dictionnaire.

| a | b | c | d | e | f | g | h | i | j | k | l | m | n | o | p | q | r | s | t | u | v | w | x | y | z |

★ **Écris** la signification des abréviations : invariable - contraire - familier - adverbe - préposition - interjection.

- fam. ....
- inv. ....
- interj. ....
- adv. ....
- prép. ....
- contr. ....

Comment as-tu réussi ?

★★ **Écris** les mots dans l'ordre alphabétique.

- accordéon - accorder - accordéoniste

....

- compositeur - composition - composer

....

- choriste - chœur - chorale

....

- violoncelle - violoniste - violon

....

Comment as-tu réussi ?

★★ **Place** les mots de la liste entre les mots repères. (Les mots repères sont écrits en gras en haut de chaque page du dictionnaire.)

harpe - hautbois - fanfare - musicien - orchestre - métronome - cornemuse - cymbale

Mot repère de gauche		Mot repère de droite
cormoran	....	coron
famine	....	fantassin
muscat	....	musique
météorologie	....	mets
harmonium	....	hâte
cyclique	....	cytoplasme
hauban	....	hautement
orange	....	ordinal

Comment as-tu réussi ?

LA MUSIQUE

42

Objectif 9 : Je mémorise les mots appris.

LA MUSIQUE

★ **Retrouve** dans la grille les mots qui correspondent aux définitions.
Entoure-les puis **écris**-les.

J	A	Z	Z	C	H	O	R	A	L	E
A	C	A	N	T	A	T	R	I	C	E
M	É	L	O	D	I	E	C	L	E	F
S	Y	M	P	H	O	N	I	E	E	T
I	N	S	T	R	U	M	E	N	T	S
V	E	N	T	L	U	T	H	I	E	R

◆ Ils sont à cordes, à vent ou à percussion :
....

◆ Chanteuse d'opéra : ....

◆ Air : ....

◆ Jouée par un grand orchestre :
....

◆ Genre musical : ....

◆ Groupe de chanteurs : ....

◆ Fabricant d'instruments à cordes : ....

Comment as-tu réussi ? 😐 🙂 😃

★★ **Réponds** aux devinettes en t'aidant de l'imagier et du lexique :
album - interprète - canon - tuba - opéra - timbale.

◆ On le met dans la bouche pour respirer ou pour faire de la musique : un ....

◆ On la porte aux lèvres pour boire et on la frappe pour faire de la musique : une ....

◆ On y met des photographies ou on l'achète pour écouter de la musique : un ....

◆ C'est un bâtiment dans lequel on va voir un spectacle et une pièce de théâtre chantée :
un ....

◆ Il chante ou il traduit une langue étrangère : un ....

◆ C'est une arme de guerre et un chant à plusieurs voix décalées : un ....

Comment as-tu réussi ? 😐 🙂 😃

★★ **Complète** les phrases avec les mots de la liste : cordes - musique - fanfare - concerts - métronome - vent - saxophone - percussion - orchestre.

◆ Mon père joue du .... dans la .... de notre village.

◆ Pour respecter la mesure du morceau de .... qu'il joue au piano, Léopold utilise un ....

◆ Dans *Pierre et le Loup*, Pierre est représenté par les instruments à .... : le violon et le violoncelle, le canard par un instrument à .... : le hautbois. Les chasseurs sont représentés par des instruments à .... : les timbales et la grosse caisse.

◆ Lucie consulte le programme des .... que donne l' .... de Nancy.

Comment as-tu réussi ? 😐 🙂 😃

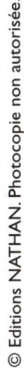

5. Les vacances et les voyages

Imagier

un aéroport — un port

un camping — une gare

Lexique

- **un passager** : une personne transportée à bord d'un véhicule (avion, voiture, car, bateau…). *Synonyme* : un voyageur.
- **une agence de voyages** : un commerce qui propose et vend des voyages.
- **un touriste** : une personne qui voyage pour son plaisir. *Synonymes* : un vacancier, un visiteur, un voyageur.
- **un guide** : sens 1 : une personne qui accompagne et donne des explications lors d'une visite ; sens 2 : un livre qui donne des renseignements sur une ville, une région ou un pays.
- **une croisière** : un voyage touristique en bateau ou en paquebot.
- **une escale** : un arrêt en cours de route quand on voyage en bateau ou en avion. *Synonyme* : une halte.
- **un passeport** : un document indiquant l'identité et la nationalité, obligatoire pour aller dans certains pays.
- **séjourner** : demeurer un moment dans un même lieu. *Synonymes* : rester, loger, s'arrêter.
- **un itinéraire** : le chemin que l'on suit pour se déplacer d'un lieu à un autre. *Synonymes* : un parcours, un trajet.
- **une étape** : un lieu où l'on s'arrête au cours d'un voyage avant de reprendre la route. *Synonyme* : une halte.
- **une excursion** : une longue promenade pour découvrir un lieu. *Synonymes* : une randonnée, une promenade, une balade.
- **flâner** : se promener tranquillement, sans but, en regardant autour de soi. *Synonymes* : déambuler, errer.
- **louer** : prendre en location, c'est-à-dire payer un loyer pour habiter dans un endroit.
- **réserver** : retenir d'avance en payant.
- **enregistrer** : confier ses bagages au service qui gère le transport.
- **embarquer** : monter à bord d'un avion ou d'un bateau.

Objectif 1 : J'apprends des mots.

★ **Donne** à chaque définition le numéro du nom qui lui correspond.

Une maison légère que l'on peut transporter.	n°......
L'ensemble des pistes et des bâtiments qui servent au transport aérien.	n°......
Un homme qui s'occupe des passagers dans un avion ou sur un bateau (mot anglais signifiant « majordome »).	n°......
L'ensemble des bâtiments d'un aéroport réservé aux voyageurs et aux marchandises.	n°......
Une attache métallique servant à fixer une tente au sol.	n°......
Un escalier ou une rampe permettant d'embarquer dans un avion ou dans un bateau.	n°......

1. un steward
2. une aérogare
3. une sardine
4. une passerelle
5. un aéroport
6. un mobile home

Comment as-tu réussi ?

★★ **Retrouve** les mots et **écris**-les après leur définition (une lettre par case) :
ruetsopmoc - uaiq - eianbc - uichgte.

- Une plateforme le long d'une voie ferrée ou au bord de l'eau. ☐☐☐☐
- Un lieu où l'on peut acheter des billets. ☐☐☐☐☐
- Un appareil qui sert à valider les billets. ☐☐☐☐☐☐☐☐☐
- Une chambre dans un bateau. ☐☐☐☐☐

Comment as-tu réussi ?

★★ **Complète** les phrases avec les mots de la liste : camping-car - guide - passeport - étape - embarquer - billet - agence - itinéraire - réservé - emplacement - excursions - séjour.

- Boris a décidé d'aller passer quelques jours à New York. Muni de son .... , il s'est rendu dans une .... de voyages pour acheter un .... d'avion. Ensuite, il est allé dans une librairie pour acheter un .... touristique de la ville. Arrivé chez lui, il l'a consulté et a noté les lieux qu'il aimerait visiter durant son ....

- Cet été, nous allons passer nos vacances en Corse. Papa a déjà prévu notre .... Nous ferons une .... dans le Massif central avant d'........................ au port de Marseille. Papa a aussi .... un .... dans un camping. Les enfants dormiront sous une tente et les parents dans le .... Nous ferons des .... en montagne et le long des côtes.

Comment as-tu réussi ?

Objectif 2 : J'apprends à catégoriser.

LES VACANCES ET LES VOYAGES

⭐ **Écris** chaque groupe nominal dans la catégorie à laquelle il appartient :
un steward - une piste - un quai - une passerelle - un composteur - une aérogare - un wagon - un contrôleur.

L'aéroport	La gare
....	....
....	....
....	....
....	....

Comment as-tu réussi ?

⭐⭐ **Écris** chaque groupe nominal dans la catégorie qui lui correspond :
une hôtesse - une voyageuse - un guide - une cabine - un hôtelier - une chambre - une passagère - un touriste - un mobile home - un campeur - un aubergiste - un gîte.

Hébergement	Voyageurs et vacanciers	Métiers liés au voyage
....	....	....
....	....	....
....	....	....
....	....	....

Comment as-tu réussi ?

⭐⭐ **Écris** chaque mot en gras dans sa catégorie.

« On **rêve** toujours d'un **pays** préféré, l'un de la **Suède**, l'autre des **Indes** ; celui-ci de la **Grèce** et celui-là du **Japon**. Moi, je me **sentais** attiré vers l'**Afrique** par un impérieux **besoin**, par la **nostalgie** du Désert ignoré, comme par le pressentiment d'une passion qui **va naître**. Je **quittai** Paris le 6 juillet 1881. Je voulais **voir** cette **terre** de soleil et de sable en plein été, sous la pesante **chaleur**, dans l'éblouissement furieux de la **lumière**. » Guy de Maupassant, *Au soleil*.

Noms propres	Noms communs	Verbes
....	....	....
....	....	....
....	....	....
....	....	....
....	....	....

Comment as-tu réussi ?

Objectif 3 : J'apprends à construire des mots.

★ **Les familles de mots. Barre l'intrus dans chaque ligne.
Entoure le radical des mots de la même famille.**

- contrôleur : contrôle - autocontrôle - contrôler - contrée - contrôlable
- touriste : tourisme - touristique - écotourisme - tourterelle - cyclotourisme
- voyage : voyager - voyageur - voyance - voyagiste - voyageuse
- hôte : hôtesse - hôtel - hotte - hôtelier - hôtellerie
- enregistrer : enregistrement - enregistreur - enrhumer - enregistreuse - enregistrable
- camping : camper - campeur - décamper - campement - champignon

Comment as-tu réussi ?

★★ **Complète les tableaux.**

	Radical	Suffixe
touriste	tour-	-iste
voyagiste	....	....
croisiériste	....	....
aubergiste	....	....
bagagiste	....	....
plagiste	....	....

	Radical	Suffixe
....	hôtel-	-ier
réservation	....	....
....	camp-	-eur
contrôleur	....	....
....	pilot-	-age
vacancier	....	....

Comment as-tu réussi ?

★★★ **Complète le tableau.**

	Préfixe	Radical	Suffixe
touristique	X	....	....
installation	X	....	....
visiteur	X	....	....
incontrôlable	....	....	....
intransportable	....	....	....
dépaysement	....	....	....
emplacement	....	....	....

Comment as-tu réussi ?

Objectif 4 : Je comprends les synonymes.

⭐ **Entoure** le synonyme du groupe nominal bleu dans chaque colonne.

un guichet	un touriste	une escale	une excursion	un panneau
un quai	un hôtelier	une poursuite	une course	un banc
un hall	un invité	une progression	un séjour	un bagage
un bureau	un voyageur	une reprise	un vol	un passeport
une salle	un travailleur	une halte	un quai	un écriteau
une gare	un steward	une marche	une randonnée	un composteur

Comment as-tu réussi ?

⭐⭐ **Récris** les groupes de mots en remplaçant les verbes en gras par des synonymes : se déplacer - expédier - retenir - questionner - séjourner - se promener.

- **résider** dans un hôtel ➜ ....
- **réserver** une chambre ➜ ....
- **flâner** dans les rues ➜ ....
- **voyager** en autocar ➜ ....
- **envoyer** une carte postale ➜ ....
- **interroger** le guide ➜ ....

Comment as-tu réussi ?

⭐⭐ **Récris** chaque phrase en remplaçant les mots en gras par des synonymes : offert - randonnées - recommandé - trajet - la réception - vacanciers - aimable - flânent - une carte - bouchon - effectué.

- De nombreux **touristes se promènent** dans les ruelles du village.

....

- Lors de notre séjour en Corse, nous avons **fait** plusieurs **excursions**.

....

- Comme il y avait un **embouteillage** sur l'autoroute, ma mère a utilisé le GPS pour trouver un autre **itinéraire**.

....
....

- Le personnel de **l'accueil** était très **agréable**. Il nous a **donné un plan** de la ville et nous a **conseillé** quelques bons restaurants.

....
....

Comment as-tu réussi ?

Objectif 5 : Je différencie les niveaux de langue.

★ **Fais** une croix dans la colonne qui correspond au niveau de langue de chaque phrase.

	Langage courant	Langage familier
Il était en rogne car il avait loupé son avion.		
Les douaniers m'ont fait retirer mes chaussures.		
On lui a piqué sa valoche à la gare.		
On lui a volé sa valise à la gare.		
Il était en colère car il avait raté son avion.		
Les douaniers m'ont demandé d'enlever mes godasses.		

Comment as-tu réussi ?

★★ **Écris** des phrases en langage familier en remplaçant les mots en gras par les mots de la liste : paumé - boucan - cassé la croûte - crapahuter - bouffé - pioncer - de fric.

◆ Nous avons **mangé** au restaurant. → Nous avons .... au restaurant.

◆ Il n'a pas pu **dormir** car il y avait trop de **bruit** dans l'hôtel. → Il n'a pas pu .... car il y avait trop de .... dans l'hôtel.

◆ Elle n'a plus assez **d'argent** pour payer son billet. → Elle n'a plus assez .... pour payer son billet.

◆ Nous avons **pique-niqué** sur une aire d'autoroute. → Nous avons .... sur une aire d'autoroute.

◆ Pendant les vacances, ils vont **marcher** en Corse. → Pendant les vacances, ils vont .... en Corse.

◆ J'ai **perdu** mon passeport ! → J'ai .... mon passeport !

Comment as-tu réussi ?

★★★ **Classe** les mots dans la colonne qui convient : un livre - un ouvrage - un bouquin / paresser - glander - ne rien faire / une bagnole - une automobile - une voiture / se dépêcher - se hâter - se grouiller.

Langage familier	Langage courant	Langage soutenu

Comment as-tu réussi ?

LES VACANCES ET LES VOYAGES

Objectif 6 : Je comprends le sens des mots (homonymie et polysémie).

LES VACANCES ET LES VOYAGES

★ **Donne** à chaque phrase le numéro de la définition qui lui correspond.

Au cours de notre voyage, nous avons fait une **halte** à Dijon.	n°......
La salle de **séjour** est très ensoleillée.	n°......
L'A380 vient de se poser sur la **piste**.	n°......
« **Halte** ! » dirent les gendarmes en demandant au cycliste de s'arrêter.	n°......
Les clowns entrent sur la **piste**.	n°......
J'ai passé un agréable **séjour** dans cet hôtel.	n°......

1. Temps passé dans un endroit.
2. Partie circulaire d'un cirque où se déroulent les numéros.
3. Pièce d'une maison ou d'un appartement.
4. Arrêt pendant un voyage, une promenade.
5. Terrain servant à l'atterrissage et au décollage des avions.
6. Synonyme de stop.

Comment as-tu réussi ?

★★ **Relie** chaque définition au mot qui lui correspond.

Sorte de large trottoir longeant une voie ferrée ou le bord de l'eau. • sardine • Livre comportant des renseignements sur un lieu donné.

Chambre dans un paquebot. • cabine • Synonyme de débarcadère ou d'embarcadère.

On peut faire appel à lui pour nous accompagner dans une visite de musée ou un lieu. • quai • Endroit de l'avion où se tiennent le pilote et le copilote.

Petit poisson de mer. • guide • Objet métallique utilisé pour fixer une tente au sol.

Comment as-tu réussi ?

★★★ **Complète** les phrases en utilisant un des mots placés en début de ligne.

tente - tante
• Je vais prendre le thé chez ma ....
• Faustine a acheté une .... à deux places.

sale - salle
• Après avoir passé le contrôle de sécurité, il est allé dans la .... d'embarquement de l'aéroport.
• La toile de sa tente est ....

pause - pose
• Farida .... ses bagages sur le tapis roulant.
• Après deux heures de conduite, il est conseillé de faire une ....

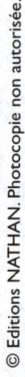

Comment as-tu réussi ?

Objectif 7 : Je comprends les expressions et les citations.

★ **Donne** à chaque expression ou locution le numéro de la définition qui lui correspond.

Bon vent !	n°......
Entrer en piste.	n°......
Faire sa valise.	n°......
Être serrés comme des sardines.	n°......
Voler de ses propres ailes.	n°......
Avoir un petit vélo dans la tête.	n°......

1. S'en aller.
2. Être entassés sans pouvoir bouger.
3. Savoir se débrouiller tout seul.
4. Bonne route, bon voyage !
5. Être un peu fou.
6. Commencer à participer.

Comment as-tu réussi ?

★★ **Complète** avec les mots de la liste : pied - se tromper - luxueuse - trop - à toute vitesse - s'en aller.

- **À fond de train** veut dire : ....
- **Botter le train** veut dire : donner un coup de .... au derrière.
- **Mener grand train** veut dire : vivre de façon ....
- **Être la cinquième roue du carrosse** veut dire : être en ....
- **Lever le camp** veut dire : ....
- **Faire fausse route** veut dire : ....

Comment as-tu réussi ?

★★ **Complète** les citations avec les mots de la liste : cartes - voyage - bateau - jeunesse - loin - partir.

- Qui veut voyager .... ménage sa monture. (Racine)
- Les voyages forment la .... (Montaigne)
- Rien ne sert de courir il faut .... à point. (Jean de La Fontaine)
- Heureux qui comme Ulysse a fait un beau .... (Joachim du Bellay)
- Pourquoi en vacances, s'obstine-t-on à choisir douze .... postales différentes alors qu'elles sont destinées à douze personnes différentes ? (Sacha Guitry)
- Si vous voulez aller sur la mer sans aucun risque de chavirer, alors, n'achetez pas un .... : achetez une île ! (Marcel Pagnol)

Comment as-tu réussi ?

Objectif 8 : J'apprends à utiliser le dictionnaire.

| a | b | c | d | e | f | g | h | i | j | k | l | m | n | o | p | q | r | s | t | u | v | w | x | y | z |

⭐ **Écris** la signification des abréviations suivantes : nom masculin et adjectif - conjugaison - adverbe et préposition - nom féminin invariable - nom masculin pluriel.

◆ conjug. ....

◆ adv. et prép. ....

◆ n. m. pl. ....

◆ n. m. et adj. ....

◆ n. f. inv. ....

Comment as-tu réussi ?

⭐⭐ **Donne** la classe (nature) des mots suivants. **Écris** les abréviations grammaticales correspondantes.

	Classe ou nature du mot	➔ Abréviation
voyage	....	➔ ....
séjourner	....	➔ ....
obligatoire	....	➔ ....
escale	....	➔ ....

Comment as-tu réussi ?

⭐⭐⭐ **Lis** la définition du dictionnaire et réponds aux questions.

1. Quelle est la classe (la nature) du mot ?

....

2. Combien de sens ce mot a-t-il ?

....

3. Donne deux synonymes de ce mot.

....

4. Recopie un des exemples donnés.

....
....

> **étape** n. f. **1.** Endroit où l'on s'arrête au cours d'un voyage. ➔ **halte.** *Ils ont fait une étape dans le Midi.* **2.** Distance à parcourir avant de s'arrêter. *Les cyclistes ont parcouru une longue étape.* **3.** Période. *L'adolescence est une étape difficile de la vie.* ➔ **moment, phase.**

© Le Robert Junior illustré 8/11 ans, 2014

Comment as-tu réussi ?

LES VACANCES ET LES VOYAGES

Objectif 9 : Je mémorise les mots appris.

★ **Coche les bonnes réponses.**

	Vrai	Faux
Un contrôleur vérifie les billets des voyageurs.		
Un touriste voyage pour son travail.		
Une croisière se fait sur un bateau.		
Un composteur sert à acheter les billets de transport.		
On peut réserver des billets d'avion dans une agence de voyages.		
Un passeport n'est pas une pièce d'identité.		

Comment as-tu réussi ?

★★ **Charades. Trouve les solutions parmi les mots de la liste (attention aux intrus) :** guide - paquebot - séjourner - guichet - passager - embarcadère.

◆ Mon premier est une plante aux petites boules blanches que l'on suspend au-dessus des portes à Noël. Mon second est une préposition. Mon tout est un lieu où l'on peut acheter des billets. ....

◆ Mon premier est le pluriel de « sa ». Mon deuxième est le contraire de nuit. Mon troisième est une partie du visage. Mon tout est un synonyme de loger. ....

◆ Mon premier est la première syllabe de la capitale de la France. Mon deuxième est une file de personnes qui attendent. Mon troisième est le contraire de laid. On voyage sur mon tout lors d'une croisière. ....

Comment as-tu réussi ?

★★ **Complète les phrases avec les mots de la liste :**

escale - embarquement - enregistrer - aéroport - passerelle - panneau.

Grégoire et Agathe se rendent en Norvège. Arrivés à l'............................, ils commencent par .... leurs bagages. Puis ils vont s'installer dans la salle d'............................. Le départ de leur avion est annoncé à l'heure sur le .... d'affichage. Quelques instants plus tard, ils empruntent la .... pour monter à bord de l'avion. Le vol est sans .... et ils seront à Oslo dans trois heures.

flâner - vacances - réservé - loué - excursions - étape

Laure part passer ses .... dans la région de Bordeaux. Pour s'y rendre, elle a .... une place sur le TGV. Elle a prévu de faire une .... de deux jours à Bordeaux pour .... dans les rues de la ville. Ensuite, elle se rendra dans un gîte qu'elle a .... pour trois nuits. Elle a l'intention de faire plusieurs ....

Comment as-tu réussi ?

6. Le portrait physique

Imagier

une fossette  — un profil  — des cheveux ondulés  — des cheveux clairsemés

des cheveux crépus  — une chevelure 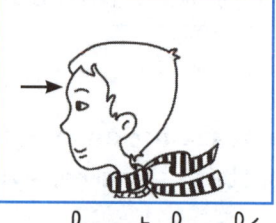 — un front bombé 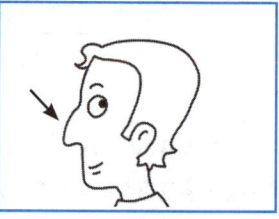 — un nez busqué

Lexique

- **le portrait :** la description d'une personne.
- **la silhouette :** le contour d'une personne. *Synonymes :* la forme, l'ombre.
- **le teint :** la couleur et l'aspect de la peau du visage.
- **la démarche :** la manière de marcher. *Synonyme :* l'allure.
- **la corpulence :** sens 1 : la taille et la grosseur du corps. *Synonymes :* la carrure, la stature. Sens 2 : l'état d'une personne forte ou obèse. *Synonymes :* l'embonpoint, l'obésité.
- **élancé :** grand, mince et souple. *Synonymes :* svelte, longiligne, délié. *Contraires :* obèse, corpulent.
- **hâlé :** bruni par le soleil. *Synonymes :* mat, bronzé, doré, basané. *Contraires :* pâle, pâlichon, pâlot.
- **blême :** très pâle. *Synonymes :* blafard, livide. *Contraires :* coloré, éclatant.
- **rauque :** se dit d'une voix grave et voilée. *Synonymes :* éraillé, rocailleux, enroué. *Contraires :* clair, mélodieux.
- **chauve :** qui n'a pas de cheveux. *Contraire :* chevelu.
- **trapu :** petit et large. *Synonyme :* râblé. *Contraires :* svelte, fluet, grêle.
- **velu :** qui est couvert de poils. *Synonyme :* poilu. *Contraires :* glabre, imberbe.
- **robuste :** fort et résistant. *Synonymes :* vigoureux, solide, costaud. *Contraire :* frêle.
- **fluet :** très mince et délicat. *Synonymes :* grêle, menu, chétif, frêle. *Contraires :* corpulent, robuste, trapu, gros, fort.
- **les traits :** les lignes du visage.
- **la mine :** l'aspect ou l'apparence du visage. *Synonymes :* l'air, l'expression.
- **le visage :** la figure. *Synonymes :* la face, le minois, la frimousse.

Objectif 1 : J'apprends des mots.

★ **Donne** à chaque définition le numéro du mot qui lui correspond. Aide-toi de l'imagier.

Qui est recourbé.	n°......
Qui est peu serré, épars.	n°......
Un petit creux dans la joue ou le menton.	n°......
Qui est renflé, arrondi.	n°......
Qui forme comme des vagues.	n°......
Très frisé, avec des boucles très serrées.	n°......

1. une fossette
2. ondulé
3. bombé
4. clairsemé
5. crépu
6. busqué

Comment as-tu réussi ?

★★ **Complète** chaque définition avec l'adjectif qui lui correspond : trapu - velu - blême - chauve - élancée – fluet.

- Elle est grande et mince : elle est ....
- Il est petit et large : il est ....
- Il n'a plus un cheveu sur la tête : il est ....
- Il est très mince et délicat : il est ....
- Elle a le teint très pâle : elle a le teint ....
- Il a des poils partout : il est ....

Comment as-tu réussi ?

★★★ **Complète** les phrases avec les mots de la liste : mine - silhouettes - visage - profil - traits - teint - fossette - portraits - démarche.

- Vincent Van Gogh a peint plusieurs .... de Joseph Roulin, un facteur de la ville d'Arles.
- Il y avait un épais brouillard et on ne distinguait plus que les .... des gens dans la rue.
- Anita est revenue de ses vacances au soleil avec une .... resplendissante et le .... hâlé.
- Julie semble fatiguée, elle a les .... tirés.
- Charlie Chaplin a interprété le rôle de Charlot, un personnage à la .... en canard.
- Jeanne ressemble beaucoup à sa mère. Elle a la même forme de .... et la même .... au menton.
- Dans son tableau *Le Printemps*, Giuseppe Arcimboldo a représenté cette saison par un personnage vu de ....

Comment as-tu réussi ?

LE PORTRAIT PHYSIQUE

LE PORTRAIT PHYSIQUE

Objectif 2 : J'apprends à catégoriser.

★ **Attribue** à chaque mot le numéro de la catégorie à laquelle il appartient : 1. La silhouette - 2. La voix.

rauque	n°........	élancée	n°........
corpulente	n°........	aiguë	n°........
trapue	n°........	grave	n°........
obèse	n°........	perçante	n°........
tonitruante	n°........	frêle	n°........
svelte	n°........	douce	n°........
mélodieuse	n°........	athlétique	n°........

Comment as-tu réussi ?

★★ **Complète** les catégories avec les mots : crochu - ondulés - ridée - pâle - joufflu - cernés.

Catégories				
les yeux	bridés	....	enfoncés	sombres
le visage	ridé	lisse	rond	....
les cheveux	châtains	....	crépus	bouclés
le teint	....	mat	bronzé	frais
le nez	droit	court	épaté	....
la peau	claire	boutonneuse	....	blanche

Comment as-tu réussi ?

★★ **Place** les mots en gras de ce texte dans leur catégorie.

« C'était un homme de moyenne **taille**, **trapu** et **robuste**, dans la force de l'âge. […] Une **casquette** à visière de cuir rabattue cachait en partie son **visage**, brûlé par le soleil et le hâle. Sa **chemise** de grosse toile jaune […] laissait voir sa **poitrine velue** ; il avait une **cravate** tordue en corde, un **pantalon** de coutil bleu, une vieille blouse grise en **haillons**, […] la **tête tondue** et la **barbe** longue. » Victor Hugo, *Les Misérables (Jean Valjean)*.

Tenue vestimentaire : ....
....

Aspect physique : ....
....

Comment as-tu réussi ?

Objectif 3 : J'apprends à construire des mots.

★ **Les familles de mots. Barre** l'intrus dans chaque ligne.
Entoure le radical des mots de la même famille.

- cheveu : chevelu - échevelé - chevelure - chevreau
- frisé : frisure - frisotté - friture - frisette - défriser
- front : frontal - fronde - fronton - affronter - confronter
- teint : teinture - tenture - teinter - déteindre - teinturerie
- figure : figurine - défigurer - figurant - figue - figuratif
- maigre : maigreur - maigrelet - mincir - amaigrir - maigrement
- vigoureux : vigueur - vignoble - vigoureusement - revigorer - vigoureuse

Comment as-tu réussi ?

★★ **Complète** les tableaux.

	Radical	Suffixe
allure	all-	-ure
courbure	courb-	....
rondeur	....	-eur
....	coiff-	-ure
frisure	....	-ure
pâleur	....	-eur

	Radical	Suffixe
....	érafl-	-ure
minceur	minc-	....
maigreur	....	-eur
....	laid-	-eur
écorchure	....	-ure
....	égratign-	-ure

Comment as-tu réussi ?

★★ **Complète** le tableau.

	Préfixe	Radical	Suffixe
décoloration	dé-	....	-ation
....	X	portrait-	-iste
robustesse	X	....	-esse
courtaud	X	....	-aud
petitesse	X	....	-esse
....	in-	coiff-	-able
....	a-	maigr-	-issement

Comment as-tu réussi ?

LE PORTRAIT PHYSIQUE

57

LE PORTRAIT PHYSIQUE

Objectif 4 : Je comprends les synonymes.

★ **Entoure** le synonyme du groupe nominal bleu dans chaque colonne.

une silhouette	une démarche	une corpulence	une mine	une figure
un portrait	un pas	un poids	un air	un teint
une chevelure	une course	une taille	une grimace	un visage
une ombre	un saut	une pointure	un sourire	un front
une coiffure	une cascade	un embonpoint	une tristesse	une pommette
un oiseau	une allure	une masse	une joie	un menton

Comment as-tu réussi ?

★★ **Recopie** chaque groupe de mots avec un adjectif synonyme de l'adjectif en gras : chétif - blafard - svelte - bronzé - éraillée.

◆ un corps **élancé** → ....

◆ un teint **hâlé** → ....

◆ un visage **blême** → ....

◆ une voix **rauque** → ....

◆ un garçon **fluet** → ....

Comment as-tu réussi ?

★★ **Récris** les phrases en remplaçant les mots en gras par des synonymes : boutons - recourbé - blafarde - un pantalon - sombre - velu - êtres - une figure - habillé - dépeintes - hideux - couverte.

◆ Le tableau d'Édouard Manet appelé *Le Fifre* représente un jeune garçon **vêtu** d'**une culotte** rouge, d'une veste **foncée**, et coiffé d'un chapeau.

....
....

◆ Les sorcières sont généralement **décrites** comme des **individus horribles**, ayant **un visage blême recouvert** de **pustules**. Leur nez est **busqué** et leur menton **poilu**.

....
....
....

Comment as-tu réussi ?

Objectif 5 : Je comprends les contraires.

★ **Entoure** le contraire du groupe nominal bleu dans chaque colonne.

l'embonpoint	la corpulence	la fragilité	la souplesse	la robustesse	la fermeté
la force	la carrure	la faiblesse	la raideur	la solidité	la dureté
la solidité	la minceur	la délicatesse	la démarche	la résistance	la mollesse
la maigreur	le poids	la douceur	l'allure	la vigueur	l'énergie
l'obésité	la taille	la force	l'agilité	la puissance	le courage
la grossièreté	la hauteur	la stabilité	l'habileté	la faiblesse	l'assurance

Comment as-tu réussi ?

★★ **Recopie** chaque groupe de mots avec un adjectif contraire de l'adjectif en gras : clairsemés - frêle - assurée - chevelu - raides - claire.

- des cheveux **frisés** → ....
- un garçon **costaud** → ....
- une voix **rauque** → ....
- une démarche **hésitante** → ....
- un crâne **chauve** → ....
- des cheveux **touffus** → ....

Comment as-tu réussi ?

★★ **Récris** les phrases en remplaçant les mots en gras par des contraires : large - réjoui - propre - claire - mince - lisse - robuste - raides - grande - hâlé - sombres - fluet - courts.

- Alexa est une jeune fille **forte**, de **petite** taille. Elle a le teint **pâle**, les yeux **clairs** et les cheveux **longs**.

  ....
  ....

- Gaspard était un garçon **frêle** à la peau très **mate** qui avait toujours l'air **triste**.

  ....

- Dessine un personnage aux cheveux **frisés**, au visage **ridé**, au corps **trapu**, vêtu d'une chemise **sale** et d'un pantalon **étroit**.

  ....
  ....

Comment as-tu réussi ?

LE PORTRAIT PHYSIQUE

Objectif 6 : Je différencie les niveaux de langue.

☆ **Fais** une croix dans la colonne qui correspond au niveau de langue de chaque phrase.

	Langage courant	Langage familier
Il a le nez rouge.	X	
Il a le pif rouge.		
Elle avait un visage bizarre.		
Il a les cheveux ébouriffés.		
Elle avait une tronche bizarroïde.		
Il a les cheveux en pétard.		

Comment as-tu réussi ?

☆☆ **Transforme** les phrases en langage familier en remplaçant les mots en gras par les mots de la liste : paluches - tifs - panards - costaud - quenotte - pâlichon.

- Il s'est fait couper les **cheveux**. ➡ Il s'est fait couper les ....
- Il est **corpulent**. ➡ Il est ....
- Il a de grandes **mains**. ➡ Il a de grandes ....
- Il avait d'énormes **pieds**. ➡ Il avait d'énormes ....
- Elle a le teint **pâle**. ➡ Elle a le teint ....
- Sa première **dent** vient de sortir. ➡ Sa première .... vient de sortir.

Comment as-tu réussi ?

☆☆ **Classe** les mots dans la colonne qui convient : des vêtements - des fringues - une toilette / se vêtir - se fringuer - s'habiller / crade - malpropre - sale / laid - moche - disgracieux / les souliers - les chaussures - les godasses.

Langage familier	Langage courant	Langage soutenu
....	....	....
....	....	....
....	....	....
....	....	....
....	....	....

Comment as-tu réussi ?

Objectif 7 : Je distingue le sens propre et le sens figuré.

★ **Fais** une croix dans la colonne qui correspond au sens de chaque mot en gras.

	Sens propre	Sens figuré
Il s'est **cassé** une dent.	X	
Il nous a **cassé** les oreilles.		
Il est **maigre**.		
La récolte a été **maigre**.		
Il est **dur** d'oreille.		
Ce pain est **dur**.		

Comment as-tu réussi ?

★★ **Complète** chaque phrase avec un mot de la liste : fort - rond - fine.

- *Sens propre.* Elle a la taille ....
- *Sens figuré.* Faire la .... bouche.
- *Sens propre.* Elle a le visage ....
- *Sens figuré.* Le moteur tourne ....
- *Sens propre.* Il est grand et ....
- *Sens figuré.* Il a payé le prix ....

Comment as-tu réussi ?

★★★ **Complète** chaque phrase avec un mot de la liste : claire - mesure - poids - grise. **Indique** si le mot est utilisé au sens propre ou au sens figuré.

- Le régime qu'il a suivi lui a fait perdre du .... Sens ....
- Il n'a pas fait le .... face à son adversaire. Sens ....
- Il ne .... pas toujours les conséquences de ses gestes. Sens ....
- Il .... un mètre cinquante. Sens ....
- Il fait .... mine. Sens ....
- Elle porte une jupe .... Sens ....
- Son explication était très .... Sens ....
- Elle a la peau .... Sens ....

Comment as-tu réussi ?

LE PORTRAIT PHYSIQUE

Objectif 8 : Je comprends le sens des mots (homonymie et polysémie).

LE PORTRAIT PHYSIQUE

⭐ **Donne** à chaque phrase le numéro de la définition qui lui correspond.

Paul a bonne mine.	n°......
Anaïs vient de manger un esquimau. Elle a la figure barbouillée de chocolat.	n°......
La mine de mon crayon à papier est cassée.	n°......
Il s'est cogné la tête et a une bosse au front.	n°......
Le carré est une figure géométrique.	n°......
Les jeunes soldats ont été envoyés au front.	n°......

1. Partie supérieure du visage.
2. Fine tige qui sert à écrire, à dessiner.
3. Représentation d'une forme par un dessin.
4. Lieu où l'on se bat pendant la guerre.
5. Aspect du visage.
6. Le visage.

Comment as-tu réussi ?

⭐⭐ **Relie** chaque définition au mot qui lui correspond.

contraire de brillant • • grêle • • demande entreprise pour obtenir quelque chose

l'inverse de pile • • mat • • petit et peu épais

manière de marcher • • démarche • • pluie de grains de glace

liste des plats d'un repas • • face • • foncé

long et mince • • menu • • visage

Comment as-tu réussi ?

⭐⭐ **Complète** les phrases en utilisant un des mots bleus.

coup - cou - coût
- Le .... des billets a baissé.
- Elle a mal au ....
- Un .... de vent a renversé les pots.

thym - teint
- J'ai planté du .... et du romarin.
- Ce bébé a un joli ....

hâle - halles
- Nous allons faire nos courses aux ....
- Ces heures passées au soleil lui ont donné un joli ....

traits - très
- Elle a la peau .... pâle.
- Il semblait en colère et avait les .... tendus.

Comment as-tu réussi ?

Objectif 9 : Je comprends les expressions et les locutions.

★ **Donne** à chaque expression le numéro de la définition qui lui correspond.

Avoir une taille de guêpe.	n°......
Nʼavoir que la peau et les os.	n°......
Avoir les cheveux poivre et sel.	n°......
Avoir un teint de pêche.	n°......
Être frisé comme un mouton.	n°......
Avoir un cheveu sur la langue.	n°......

1. Avoir les cheveux grisonnants.
2. Avoir une peau rose et veloutée.
3. Avoir les cheveux très bouclés.
4. Avoir la taille très fine.
5. Zozoter.
6. Être très maigre.

Comment as-tu réussi ?

★★ **Complète** les phrases avec les mots de la liste : honte - mal à lʼaise - élégants - compliquées - discret - habillé.

- **Se mettre sur son trente et un** veut dire : porter des vêtements très ....
- **Couper les cheveux en quatre** veut dire : se perdre dans les détails au point de rendre les choses ....
- **Être tiré à quatre épingles** veut dire : être très bien ....
- **Être dans ses petits souliers** veut dire : être ....
- **Faire profil bas** veut dire : tenter de passer inaperçu, se montrer très ....
- **Perdre la face** veut dire : être ridicule, se couvrir de ....

Comment as-tu réussi ?

★★★ **Complète** les expressions et les locutions avec les mots de la liste : mine - figure - front - tête - teint - peau - habit.

- Cʼest évident. ➡ Se voit comme le nez au milieu de la ....
- Ne pas se fier aux apparences. ➡ Lʼ............................. ne fait pas le moine.
- Gagner sa vie en travaillant. ➡ Gagner son pain à la sueur de son ....
- Provoquer de la terreur. ➡ Faire dresser les cheveux sur la ....
- Être résistant aux épreuves. ➡ Avoir la .... dure.
- Convenir parfaitement en parlant de couleur. ➡ Aller bien au ....
- Avoir lʼair triste. ➡ Faire grise ....

Comment as-tu réussi ?

LE PORTRAIT PHYSIQUE

LE PORTRAIT PHYSIQUE

Objectif 10 : J'apprends à utiliser le dictionnaire.

| a | b | c | d | e | f | g | h | i | j | k | l | m | n | o | p | q | r | s | t | u | v | w | x | y | z |

★ **Écris** la signification des abréviations : nom masculin - nom féminin - nom pluriel - nom masculin pluriel - nom masculin invariable.

- n. pl. ....
- n. m. inv. ....
- n. m. pl. ....
- n. m. ....
- n. f. ....

Comment as-tu réussi ?

★★ **Écris** les mots dans l'ordre alphabétique.

- cheveu - chevelure - chevelu

  ....

- frisette - frisé - frisure

  ....

- coloré - coloration - colorant

  ....

- vigoureux - vigueur - vigoureusement

  ....

Comment as-tu réussi ?

★★★ **Place** les mots de la liste entre les mots repères. (Les mots repères sont écrits en gras en haut de chaque page du dictionnaire.)

robuste - portrait - silhouette - profil - tête - svelte - rauque - teint

Mot repère de gauche		Mot repère de droite
surprendre	....	sweat-shirt
proéminent	....	profond
raton	....	ravioli
silex	....	simulacre
portique	....	posologie
teck	....	télécommander
robinet	....	rodage
têtard	....	textuel

Comment as-tu réussi ?

Objectif 11 : Je mémorise les mots appris.

★ **Complète** avec les mots de la liste : démarche - velus - air - chauve - rauque - élancé - visage.

- Elle a une voix grave et éraillée : elle a une voix ....
- Jules est grand et mince : il est ....
- Il a une manière de marcher très souple : il a une .... très souple.
- Il a des taches de rousseur sur la figure : il a des taches de rousseur sur le ....
- Il a les bras couverts de poils : il a les bras ....
- Il a une mine réjouie : il a un .... réjoui.
- Il a perdu tous ses cheveux : il est ....

Comment as-tu réussi ?

★★ **Retrouve** dans la grille les mots qui correspondent aux définitions. **Entoure**-les puis **écris**-les.

M	I	N	E	C	H	É	T	I	F	S
A	V	I	G	O	U	R	E	U	X	I
H	Â	L	É	R	P	R	O	F	I	L
N	E	Z	P	O	R	T	R	A	I	T
E	M	B	O	N	P	O	I	N	T	O
C	R	É	P	U	T	R	A	I	T	S

- Visage vu de côté : ....
- Qui est délicat et faible : ....
- Très frisé : ....
- Synonyme de robuste : ....
- Lignes du visage : ....
- Bruni par le soleil : ....
- Description d'une personne : ....

Comment as-tu réussi ?

★★★ **Complète** les phrases avec les mots de la liste : fossettes - chevelure - corpulent - bombé - fluette - front - ondulés - silhouette - clairsemés - mat - visage.

- Le libraire était un homme ...., au teint ....
- Assise sur une chaise, une très vieille femme .... aux cheveux .... filait la laine. À ses pieds, une fillette à la .... blonde et vêtue d'une robe bleue jouait avec une poupée.
- Kevin est un jeune garçon à la .... élancée. Ses longs cheveux .... cachent son .... Un sourire espiègle illumine son .... et creuse ses ....

Comment as-tu réussi ?

7. Le portrait moral

« Il est complaisant, flatteur, empressé ; il est mystérieux sur ses affaires, quelquefois menteur ; il est superstitieux, scrupuleux, timide. Il marche les yeux baissés, et il n'ose les lever sur ceux qui passent. » Jean de La Bruyère, *Les Caractères*.

Lexique

- **le caractère** : la façon d'être, de se comporter. *Synonymes* : le tempérament, la personnalité.

- **généreux** : qui donne ou se dévoue beaucoup. *Synonymes* : charitable, bienveillant. *Contraires* : égoïste, avare.

- **honnête** : qui ne vole pas, ne cherche pas à tromper les autres. *Synonymes* : droit, loyal. *Contraires* : malhonnête, immoral.

- **la loyauté** : qui est fidèle à ses engagements, qui ne triche pas. *Synonymes* : la droiture, l'honnêteté. *Contraires* : la malhonnêteté, la traîtrise.

- **franc / franche** : qui ne ment pas. *Synonymes* : sincère, honnête. *Contraires* : menteur, fourbe, sournois.

- **le courage** : le fait de ne pas avoir peur, d'avoir de la force de caractère face aux difficultés. *Synonymes* : la bravoure, la hardiesse, l'intrépidité. *Contraires* : la lâcheté, la faiblesse.

- **aimable** : qui est gentil, qui cherche à faire plaisir. *Synonymes* : agréable, charmant, sympathique. *Contraires* : antipathique, désagréable, déplaisant.

- **cultivé** : qui a beaucoup de connaissances. *Synonymes* : instruit, savant. *Contraire* : inculte.

- **perspicace** : qui est capable de deviner des choses. *Synonymes* : malin, clairvoyant. *Contraires* : stupide, bête, niais, naïf.

- **l'obstination** : le fait de s'entêter. *Synonymes* : l'acharnement, la persévérance, la ténacité. *Contraires* : le découragement, le renoncement.

- **méticuleux** : qui fait très attention aux détails. *Synonymes* : consciencieux, minutieux, soigneux. *Contraires* : négligent, brouillon, désordonné.

- **l'égoïsme** : le fait de ne penser qu'à soi. *Synonyme* : l'individualisme. *Contraires* : la générosité, le dévouement.

- **l'orgueil** : le sentiment démesuré de sa propre valeur. *Synonymes* : la prétention, la vanité, la fierté. *Contraires* : la modestie, la simplicité.

- **l'insolence** : le manque de respect. *Synonymes* : l'arrogance, l'effronterie, l'impertinence. *Contraires* : la politesse, le respect.

- **avare** : qui refuse de dépenser son argent. *Synonymes* : pingre, radin. *Contraires* : généreux, dépensier.

- **la timidité** : le fait de manquer de confiance en soi, de ne pas oser. *Synonymes* : la réserve, la retenue, l'embarras. *Contraires* : la confiance, l'assurance, l'audace.

- **modeste** : qui est simple, qui ne se vante pas. *Synonymes* : effacé, réservé. *Contraires* : orgueilleux, prétentieux, vaniteux.

- **rusé** : qui est habile pour tromper les autres. *Synonymes* : malin, futé, roublard, fourbe. *Contraires* : niais, naïf.

- **la jalousie** : l'envie d'avoir ce que les autres possèdent. *Synonymes* : l'envie, la convoitise. *Contraire* : l'indifférence.

Objectif 1 : J'apprends des mots.

★ *Les Fables* de La Fontaine. **Donne** à chaque phrase le numéro du mot qui lui manque. **Écris** chaque mot.

La fourmi refuse de donner de la nourriture à la cigale. Elle fait preuve d'...................... .	n°......	1. perspicace
En acceptant de délivrer le lion qui est enfermé dans un filet, le rat fait preuve de	n°......	2. égoïsme
Le corbeau ne comprend pas que le renard le flatte pour obtenir son fromage. Il se montre peu	n°......	3. courage
Pour s'emparer du fromage du corbeau, le renard se montre très	n°......	4. orgueil
La grenouille voulait devenir plus grosse que le bœuf : son .... la fit éclater.	n°......	5. rusé

Comment as-tu réussi ?

★★ **Écris** l'adjectif qui convient pour chaque phrase : franc - jaloux - insolent - loyal - obstiné - aimable.

• Augustin cherche toujours à faire plaisir aux autres. Il est ....

• Pinocchio ment souvent. Il n'est pas ....

• Il veut toujours ce que possède son frère. Il est ....

• Le chevalier n'a jamais trahi son souverain. Il lui est toujours resté ....

• Au cours de ses enquêtes, cet inspecteur ne renonce jamais. Il se montre ....

• Cet enfant manquait de respect à tous. Il était très ....

Comment as-tu réussi ?

★★ **Complète** les phrases avec les mots de la liste : méticuleux - courage - modeste - caractère - cultivé - générosité.

• Dans *Blanche-Neige*, Grincheux est le nain au plus mauvais ....

• Ce sportif a accompli de nombreux exploits dont il ne se vante jamais. Il est ....

• Le guide qui nous accompagne dans ce musée nous impressionne par ses connaissances. Il est ....

• Pour bien réaliser cette maquette de bateau, mon oncle a dû se montrer très ....

• Grâce à la .... d'un donateur, trois nouvelles écoles ont pu ouvrir à Madagascar.

• Le chevalier a fait preuve de .... pour délivrer la princesse prisonnière du dragon.

Comment as-tu réussi ?

LE PORTRAIT MORAL

Objectif 2 : J'apprends à catégoriser.

LE PORTRAIT MORAL

★ **Écris** chaque groupe nominal dans la catégorie à laquelle il appartient :
la jalousie - l'avarice - le courage - l'impolitesse - l'insolence - la franchise - la générosité - l'égoïsme - la politesse - la loyauté - l'orgueil - l'honnêteté.

1. Les qualités	2. Les défauts
....	....
....	....
....	....
....	....
....	....
....	....

Comment as-tu réussi ?

★★ **Écris** chaque verbe ou locution dans la catégorie à laquelle il ou elle appartient : s'entêter - persévérer - persister - renoncer - abandonner - baisser les bras - s'acharner - capituler - fléchir - continuer - insister - se décourager.

1. L'obstination	2. Le découragement
....	....
....	....
....	....
....	....
....	....
....	....

Comment as-tu réussi ?

★★ **Écris** les mots en gras dans la catégorie qui convient.

◆ Gabriel est un petit garçon **blond** aux cheveux **courts** et **épais**. Il a un **tempérament joyeux**. Il est **charmant** mais peut parfois faire preuve d'**obstination**.

◆ Séraphine est une sorcière **hideuse** au **nez crochu**. Comme elle a le **visage fripé** on dirait une vieille pomme. Elle est si **jalouse**, si **égoïste** et si **avare** qu'aucune autre sorcière ne la supporte.

1. Le portrait physique : ....
....
2. Le portrait moral : ....

Comment as-tu réussi ?

Objectif 3 : J'apprends à construire des mots.

★ **Les familles de mots. Barre l'intrus dans chaque ligne.**
Entoure le radical des mots de la même famille.

- moral : moralement - morbide - morale - moralisateur - moralité
- caractère : caractériel - caractériser - caracoler - caractéristique - caractérisation
- aimable : aimablement - aimant - aimer - amabilité - aider
- honnête : honnêtement - honnêteté - malhonnête - horreur - malhonnêtement
- jalousie : jaloux - jalousement - jalouse - jamais - jalouser
- discret : discrétion - discrètement - indiscret - discours - indiscrétion

Comment as-tu réussi ?

★★ **Complète les tableaux.**

	Radical	Suffixe
docilité	docil-	-ité
docilement		
généreux		
honnêtement		
honnêteté		
concertiste		
instrumentiste		

	Radical	Suffixe
timidité		
timidement		
vanité		
stupidité		
stupidement		

Comment as-tu réussi ?

★★★ **Complète le tableau.**

	Préfixe	Radical	Suffixe
consciencieux	X		
courageux	X		
honnêtement	X		
intolérant			
décourager			
malhonnêtement			
entêtement			

Comment as-tu réussi ?

LE PORTRAIT MORAL

LE PORTRAIT MORAL

Objectif 4 : Je comprends les synonymes.

★ **Entoure** le synonyme du groupe nominal bleu dans chaque colonne.

le caractère	l'insolence	la timidité	l'égoïsme	le courage
l'intelligence	la qualité	l'agressivité	la stupidité	le dévouement
la culture	la douceur	l'obstination	la paresse	la fainéantise
l'honnêteté	l'arrogance	la loyauté	l'individualisme	la nonchalance
la personnalité	la bonté	la réserve	la tromperie	la sympathie
la générosité	la colère	l'orgueil	la gentillesse	la bravoure

Comment as-tu réussi ?

★★ **Récris** chaque groupe de mots avec un adjectif synonyme de l'adjectif en gras : charitable - prétentieux - charmante - loyal - radine - instruit.

- un homme **cultivé** → ....
- une personne **aimable** → ....
- une action **généreuse** → ....
- une femme **avare** → ....
- un homme **orgueilleux** → ....
- un employé **honnête** → ....

Comment as-tu réussi ?

★★★ **Récris** les phrases en remplaçant les mots en gras par des synonymes : honnête - malin - sa persévérance - de vanité - désagréable - appliqué.

- Grâce à **son obstination**, le prince de Motordu commença à ne plus déformer les mots. C'était l'élève le plus **consciencieux** de la classe.
....
....

- Le Petit Poucet se montre très **rusé** en semant des cailloux sur le chemin.
....
....

- Dans le conte *Les Fées*, les deux sœurs sont très différentes. L'aînée est **déplaisante** et pleine **d'orgueil**. La cadette est douce et **franche**.
....
....

Comment as-tu réussi ?

Objectif 5 : Je comprends les contraires.

★ **Entoure** le contraire du groupe nominal bleu dans chaque colonne.

la franchise	la lâcheté	la traîtrise	le renoncement	l'audace	la convoitise
l'honnêteté	la faiblesse	l'hypocrisie	la docilité	la confiance	la jalousie
la loyauté	la frousse	la loyauté	le découragement	l'assurance	le besoin
la sincérité	la peur	la malhonnêteté	l'abandon	la timidité	l'envie
le mensonge	la crainte	la trahison	l'obstination	l'aplomb	l'indifférence
la droiture	le courage	la tromperie	la faiblesse	l'effronterie	la désir

Comment as-tu réussi ?

★★ **Récris** chaque groupe de mots avec un adjectif contraire de l'adjectif en gras : généreuse - stupide - modeste - cultivé - sympathique - sournois.

● un sourire **franc** → ....

● un policier **perspicace** → ....

● une personne **égoïste** → ....

● un voisin **antipathique** → ....

● un sportif **prétentieux** → ....

● un personnage **inculte** → ....

Comment as-tu réussi ?

★★ **Récris** chaque phrase en remplaçant les mots en gras par des contraires : poli - négligent - lâcheté - modestie - de respect - faible - avare.

● C'était un vieil homme **méticuleux**.
....

● Faire preuve de **courage**, c'est se montrer **brave**.
....

● C'est une personne très **généreuse**.
....

● Faire preuve **d'insolence**, c'est se montrer **impertinent**.
....

● Le sportif a reçu son trophée avec beaucoup de **fierté**.
....

Comment as-tu réussi ?

LE PORTRAIT MORAL

Objectif 6 : Je comprends le sens des mots (homonymie et polysémie).

★ **Donne** à chaque phrase le numéro de la définition qui lui correspond.

Les trois frères ont des **caractères** différents.	n°......
Le paysan a **cultivé** son champ.	n°......
L'élève s'adresse avec **respect** au professeur.	n°......
Ce jeune homme est **cultivé**.	n°......
Ce livre est écrit en gros **caractères**.	n°......
Il faut apprendre le **respect** des règles de jeux aux enfants.	n°......

1. Qui sait beaucoup de choses.
2. Lettres d'imprimerie.
3. Égard que l'on manifeste à quelqu'un.
4. Tenir compte des lois, d'un règlement.
5. Travailler la terre.
6. Manière de se comporter.

Comment as-tu réussi ?

★★ **Relie** chaque définition au mot qui lui correspond.

Qui ne fait pas d'efforts. • • franc • • Synonyme d'animal.

Synonyme de stupide. • • savant • • Mammifère vivant dans les arbres des pays tropicaux.

Monnaie remplacée par l'euro. • • paresseux • • Se dit d'un animal dressé à faire des tours.

Qui connaît beaucoup de choses. • • bête • • Synonyme d'honnête.

Comment as-tu réussi ?

★★ **Complète** les phrases en utilisant un des mots bleus.

air - aire - ère
- Calculez l'.......................... du carré.
- Elle a toujours un .... gai.
- L'école est entrée dans l' .... du numérique.

cent - sans - sang
- Face aux situations difficiles, il garde toujours son .... -froid.
- Il n'aurait jamais gagné .... son obstination.
- Patrice est très généreux. Il a donné .... euros à sa fille.

c'est - sait - s'est
- Elle .... très bien comportée lors du spectacle.
- .... son insolence qui a déplu aux adultes.
- Elle .... rester modeste en toute occasion.

Comment as-tu réussi ?

LE PORTRAIT MORAL

Objectif 7 : Je comprends les expressions et les locutions.

★ **Donne** à chaque expression le numéro de la définition qui lui correspond.

Avoir une langue de vipère.	n°......
Être têtu comme une mule.	n°......
Garder son sang-froid.	n°......
Avoir un poil dans la main.	n°......
Avoir le cœur sur la main.	n°......
Mettre les pieds dans le plat.	n°......

1. Garder son calme.
2. Être généreux.
3. Être paresseux, fainéant.
4. Être médisant.
5. Être maladroit, gaffer.
6. Être obstiné, entêté.

Comment as-tu réussi ?

★★ **Complète** les phrases avec les mots de la liste : colère - avare - content - docile - se fâcher - malin.

- **Être rusé comme un renard** veut dire : être ....
- **Prendre la mouche** veut dire : .... facilement.
- **S'attirer les foudres de quelqu'un** veut dire : s'attirer la .... de quelqu'un.
- **Être aux anges** veut dire : être ravi, ...
- **Avoir des oursins dans les poches** veut dire : être très ....
- **Filer doux** veut dire : obéir sans se révolter, être ....

Comment as-tu réussi ?

★★ **Complète** les expressions ou les locutions avec les mots de la liste : mots - rose - salades - respire - lanternes - avarice - mesures.

- Être optimiste. → Voir la vie en ....
- Se montrer injuste. → Faire deux poids deux ....
- Mentir avec effronterie. → Mentir comme on ....
- Parler franchement. → Ne pas mâcher ses ....
- Être naïf, se laisser facilement tromper. → Prendre des vessies pour des ....
- Dire des mensonges. → Raconter des ....
- Faire une grosse dépense peu raisonnable. → Au diable l' ....

Comment as-tu réussi ?

LE PORTRAIT MORAL

Objectif 8 : J'apprends à utiliser le dictionnaire.

LE PORTRAIT MORAL

| a | b | c | d | e | f | g | h | i | j | k | l | m | n | o | p | q | r | s | t | u | v | w | x | y | z |

★ **Écris** la signification des abréviations suivantes : nom masculin - adjectif et nom masculin - préposition - nom masculin invariable - nom féminin pluriel.

- n. m. inv. ....
- n. m. ....
- n. f. pl. ....
- prép. ....
- adj. et n. m. ....

Comment as-tu réussi ?

★★ **Écris** les mots dans l'ordre alphabétique.

- tolérance - tolérer - tolérable

  ....

- aimable - agréable - aimer

  ....

- cultivé - courage - confiance

  ....

- générosité - généreux - généreusement

  ....

Comment as-tu réussi ?

★★★ **Lis** la définition du dictionnaire puis **réponds** aux questions.

- Quelle est la classe (la nature) du mot ?

  ....

- Combien de sens ce mot a-t-il ?

  ....

- Donne deux synonymes de ce mot.

  ....

- Recopie un des exemples donnés.

  ....

  ....

caractère n. m. **1.** Lettre d'imprimerie. *Ce livre est écrit en gros caractères.* **2.** Manière d'être, de se comporter. *Léa est gaie, c'est dans son caractère.* → **nature, tempérament.** *Julie a mauvais caractère, elle est souvent de mauvaise humeur.* — *Avoir du caractère,* de la personnalité, de l'énergie et de la volonté. *Ce petit garçon a déjà beaucoup de caractère.* **3.** Particularité. *Cette maladie présente tous les caractères de la rougeole.* → **caractéristique, signe.**

© *Le Robert Junior illustré 8/11 ans, 2014*

Comment as-tu réussi ?

74

Objectif 9 : Je mémorise les mots appris.

★ **Coche** la bonne réponse.

	Vrai	Faux
Un homme généreux est égoïste.		
Une personne aimable est une personne sympathique.		
Prétention est synonyme d'orgueil.		
Timidité est synonyme d'audace.		
Une personne rusée est une personne futée.		
Le contraire de cultivé est instruit.		
Une personne qui ne veut pas dépenser son argent est avare.		

Comment as-tu réussi ?

★★ **Charades. Trouve** les solutions parmi les mots de la liste.
Attention aux intrus !
impoli - honnête - bravoure - insolence - immoral - charitable - courage

- Mon premier est une partie du corps. Mon second est une colère très forte.
  Mon tout est le contraire de lâcheté. ....

- Mon premier est une lettre de l'alphabet. Mon second est clair et précis.
  Mon tout est un synonyme de droit. ....

- Mon premier est un félin. Mon deuxième est une céréale. Mon troisième est un meuble.
  Mon tout est un synonyme de généreux. ....

Comment as-tu réussi ?

★★ **Complète** les phrases avec les mots de la liste : loyal - ment - perspicace - jalouse - méticuleuse - franc.

- La reine cherche à faire disparaître Blanche-Neige car elle est ....
  de sa beauté.

- Pour que ses boucles d'oreille soient parfaites, Heba se montre ....
  pour coller les perles.

- Chaque fois que Pinocchio ...., son nez s'allonge.

- La princesse s'est montrée très .... en devinant qu'il y avait
  quelque chose sous les nombreux matelas et les édredons de son lit.

- On peut faire confiance à Tarik car il est .... et
  .... Il ne ment jamais et tient toujours ses engagements.

Comment as-tu réussi ?

8. Les émotions

« Ils se mirent à table, et mangèrent d'un appétit qui faisait plaisir au père et à la mère, à qui ils racontaient la peur qu'ils avaient eue dans la forêt en parlant presque toujours tous ensemble. Ces bonnes gens étaient ravis de revoir leurs enfants avec eux, et cette joie dura tant que les dix écus durèrent. Mais lorsque l'argent fut dépensé, ils retombèrent dans leur premier chagrin, et résolurent de les perdre encore. » Charles Perrault, *Le Petit Poucet*.

Lexique

- **une émotion** : un trouble passager provoqué par un événement.
- **la joie** : l'émotion que l'on ressent quand on est très content. *Synonymes* : la gaieté, le bonheur, le plaisir. *Contraires* : la tristesse, le chagrin, la peine.
- **la colère** : une réaction violente de mécontentement. *Synonymes* : la fureur, la rage, l'exaspération. *Synonyme familier* : la rogne. *Contraires* : le calme, l'impassibilité, la sérénité.
- **le dégoût** : l'impression désagréable que l'on ressent face à quelqu'un ou à quelque chose. *Synonymes* : l'aversion, la répulsion, la répugnance. *Contraires* : l'estime, l'attirance, l'attrait.
- **la peur** : l'émotion que l'on ressent face à un danger ou une menace. *Synonymes* : la crainte, la frayeur, la terreur, l'effroi, l'épouvante. *Synonymes familiers* : la trouille, la frousse. *Contraires* : le courage, la bravoure, l'intrépidité.
- **la tristesse** : le chagrin, la peine. *Synonymes* : la mélancolie, la morosité. *Synonyme familier* : le cafard. *Contraires* : la joie, l'allégresse.
- **la surprise** : l'émotion provoquée par un événement inattendu. *Synonymes* : l'étonnement, la stupéfaction, la stupeur. *Contraire* : l'impassibilité.
- **la honte** : le sentiment très désagréable d'être humilié ou ridiculisé devant autrui. *Synonymes* : la confusion, l'embarras, la gêne. *Contraires* : la fierté, l'orgueil.
- **le désarroi** : un grand trouble, qui empêche de savoir ce qu'il faut faire. *Synonymes* : la détresse, la confusion, le désordre. *Contraires* : le calme, la fermeté, la sérénité.
- **le dépit** : un chagrin mêlé de colère causé par une déception.
- **ébahi** : très étonné, frappé de surprise. *Synonymes* : abasourdi, éberlué, stupéfait. *Synonymes familiers* : époustouflé, estomaqué, scié.
- **exaspéré** : très irrité. *Synonymes* : énervé, excédé, agacé. *Contraire* : calme.
- **désappointé** : qui n'a pas obtenu ce qu'il voulait et en est déçu. *Synonymes* : dépité, mécontent, insatisfait.
- **enthousiaste** : joyeux et plein d'admiration. *Synonyme* : passionné.
- **ressentir** : être touché par une impression forte. *Synonymes* : éprouver, sentir.
- **émouvoir** : inspirer une émotion. *Synonymes* : troubler, bouleverser, affecter.
- **craindre** : avoir peur, éprouver de l'inquiétude. *Synonymes* : appréhender, redouter. *Contraires* : désirer, espérer, souhaiter.
- **manifester** : faire connaître d'une manière ou d'une autre, exprimer quelque chose. *Synonymes* : exprimer, montrer, extérioriser. *Contraires* : cacher, dissimuler, taire.
- **maugréer** : exprimer son mécontentement en grognant. *Synonymes* : bougonner, pester, marmonner. *Synonymes familiers* : râler, rouspéter, ronchonner.
- **effaroucher** : provoquer, susciter de la crainte. *Synonymes* : épouvanter, effrayer, affoler.

Objectif 1 : J'apprends des mots.

LES ÉMOTIONS

★ **Donne** à chaque situation le numéro de l'émotion qui lui correspond.

Hansel et Gretel sont heureux de retrouver leur père.	n°......
Le Petit Chaperon rouge s'étonne de la taille des bras de sa mère-grand.	n°......
Lorsque ses sœurs furent parties au bal, Cendrillon se mit à pleurer.	n°......
Le loup est furieux de ne pas pouvoir démolir la maison en briques.	n°......
Quand il se rendit compte qu'il était tout nu, l'empereur se sentit ridicule.	n°......
Les gens trouvent répugnante la peau d'âne que porte la princesse.	n°......

1. la colère
2. le dégoût
3. la surprise
4. la honte
5. la joie
6. la tristesse

Comment as-tu réussi ?

★★ **Écris** les verbes qui correspondent aux définitions. (Aide-toi du lexique.)
manifester - ressentir - maugréer - craindre - effaroucher - émouvoir.

- Inspirer une émotion : ....
- Exprimer un mécontentement : ....
- Éprouver de la crainte, de la peur : ....
- Susciter de la crainte : ....
- Être touché par une impression, une sensation : ....
- .... une émotion : montrer une émotion.

Comment as-tu réussi ?

★★ **Complète** les phrases avec les mots de la liste : désarroi - colère - ébahie - exaspéré - peur - enthousiastes - ressentit.

- Lorsqu'une femme du Montana, aux États-Unis, a trouvé un ours sur le pas de sa porte, elle est restée toute ....
- En aveuglant le Cyclope, Ulysse a provoqué sa ....
- À la fin du match de tennis, les spectateurs .... firent une ovation aux deux joueurs.
- L'épouse de Barbe-Bleue éprouva une grande .... quand elle vit qu'elle ne pouvait pas ôter le sang qu'il y avait sur la clé.
- Papa Ours fut .... en découvrant que quelqu'un avait non seulement goûté sa soupe mais avait également touché à son fauteuil.
- En voyant l'ampleur des dégâts provoqués par l'inondation, il .... un profond ....

Comment as-tu réussi ?

Objectif 2 : J'apprends à catégoriser.

LES ÉMOTIONS

★ **Écris** chaque groupe nominal dans la catégorie à laquelle il appartient : le chagrin - la gaieté - le plaisir - la peine - la mélancolie - l'entrain - le cafard - le bonheur.

La joie	La tristesse
....	....
....	....
....	....
....	....

Comment as-tu réussi ?

★★ **Écris** les mots dans les catégories qui correspondent : furieux - la stupeur - étonné - la frayeur - l'irritation - la stupéfaction - terrorisé - l'exaspération - abasourdi - l'épouvante - fâché - effrayé.

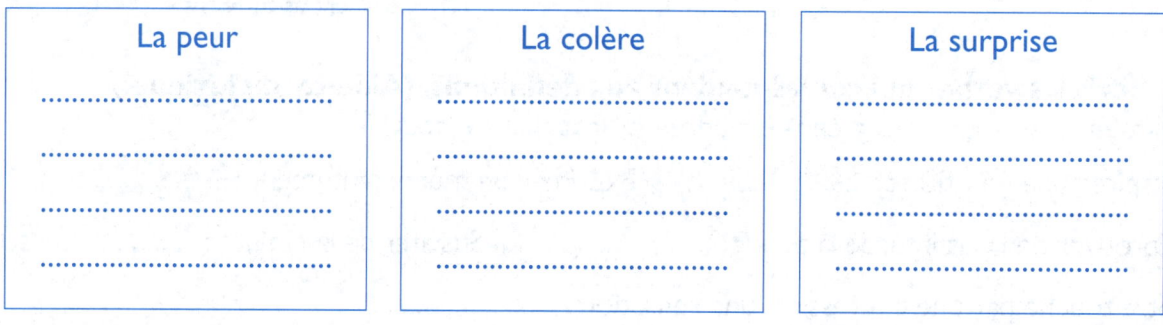

La peur	La colère	La surprise
....	....	....
....	....	....
....	....	....
....	....	....

Comment as-tu réussi ?

★★★ **Place** les mots en gras dans la colonne qui convient.

« Quand les sept nains revinrent, le soir, ils trouvèrent Blanche-Neige étendue sur le sol. Ils en **eurent** un **chagrin immense** et **pleurèrent** à **chaudes larmes**.
Les sept nains mirent Blanche-Neige dans un cercueil de verre et **s'assirent** autour, tristement. Elle avait gardé ses **belles** couleurs et son **sourire ravissant** comme une personne tout à fait **vivante** et ils **espéraient**, en **secret**, qu'elle **reviendrait** à la vie. » D'après le conte de Grimm, *Blanche-Neige*.

Noms	Adjectifs	Verbes
....	....	....
....	....	....
....	....	....
....	....	....

Comment as-tu réussi ?

Objectif 3 : J'apprends à construire des mots.

★ **Les familles de mots. Barre** l'intrus dans chaque ligne. **Entoure** le radical des mots de la même famille.

- tristesse : triste - attrister - tristement - trisyllabique - attristant
- terreur : terrien - terrifié - terrorisant - terrorisme - terrorisé
- gaieté : gaiement - gaillard - égayer - gai - égayant
- étonnement : étonné - étonnant - étoile - étonnamment - étonner
- craindre : crainte - craintif - craintivement - craintive - craie
- émotion : émotif - ému - émouvant - émeu - émotivité
- rage : rager - enragé - rangée - rageusement - rageur

Comment as-tu réussi ?

★★ **Complète** le tableau.

Adjectif masculin	Adjectif féminin	Adverbe
heureux	heureuse	heureusement
honteux	....	....
....	peureuse	....
nerveux	....	....
....	....	joyeusement
....	fâcheuse	....

Comment as-tu réussi ?

★★★ **Complète** le tableau.

Noms	Adjectif masculin	Adjectif féminin	Adverbe
....	triste	....	....
....	....	....	gaiement
furie	....	....	....
....	craintif	....	....
....	....	....	étonnamment

Comment as-tu réussi ?

Objectif 4 : Je comprends les synonymes.

★ **Entoure** le synonyme du groupe nominal bleu dans chaque colonne.

la joie	la colère	la peur	la honte	la surprise
la rage	le calme	la confiance	l'orgueil	le bonheur
la tristesse	l'impassibilité	le courage	la fierté	l'étonnement
la gaieté	la sérénité	la bravoure	la gêne	le flegme
la peine	la fureur	la frayeur	le plaisir	le calme
le chagrin	la crainte	l'assurance	le dépit	la terreur

Comment as-tu réussi ?

★★ **Récris** les groupes de mots en remplaçant les adjectifs par leur synonyme : exaspéré - enthousiaste - effrayé - ébahis - ravis - désappointé.

- un enfant **apeuré** ➡ ....
- un homme **excédé** ➡ ....
- un sportif **dépité** ➡ ....
- des spectateurs **médusés** ➡ ....
- un admirateur **passionné** ➡ ....
- des supporters **contents** ➡ ....

Comment as-tu réussi ?

★★ **Classe** les mots de la première colonne en allant de l'émotion la plus faible à la plus forte.

exemple	le plaisir	la joie	l'euphorie
la rage - le mécontentement	....	➡ la colère	➡ ....
la peine - le désespoir	....	➡ la tristesse	➡ ....
l'étonnement - la stupeur	....	➡ la surprise	➡ ....
la peur - la crainte	....	➡	➡ l'effroi
apeuré - effarouché	....	➡	➡ effrayé
dépité - désappointé	déçu	➡	➡ ....

Comment as-tu réussi ?

LES ÉMOTIONS

Objectif 5 : Je comprends les contraires.

★ **Entoure** le contraire du groupe nominal bleu dans chaque colonne.

le dégoût	la surprise	la joie	la peur	la colère	le dépit
l'aversion	l'impassibilité	la gaieté	la crainte	la fureur	l'abattement
la répulsion	l'étonnement	l'euphorie	le courage	la rage	l'accablement
la répugnance	la stupéfaction	l'entrain	la frayeur	l'irritation	la consternation
l'attrait	la stupeur	le chagrin	la terreur	la sérénité	le désarroi
l'horreur	l'ébahissement	le bonheur	l'effroi	l'énervement	la satisfaction

Comment as-tu réussi ?

★★ **Récris** les phrases en utilisant un adjectif contraire :
exaspérée - calme - joyeux - malheureuse - mécontent - fier.

- Il est **content**. → ....
- Elle est **énervée**. → ....
- Il est **mélancolique**. → ....
- Elle est **calme**. → ....
- Il est **honteux**. → ....
- Elle est **heureuse**. → ....

Comment as-tu réussi ?

★★★ **Récris** chaque phrase en remplaçant les mots en gras par des mots contraires : ravie - satisfaction - détestait - déçu - victoire - drôles - perdu - retrouver - acceptée - joie.

- Il **aimait** qu'on lui raconte des histoires **tristes**.

....

- Milos est très **content** d'avoir **gagné** le match.

....

- Maria était **triste** de **quitter** ses camarades.

....

- À l'annonce de cette nouvelle **défaite**, les supporters manifestèrent leur **déception**.

....

- En apprenant que sa candidature était **refusée**, il cacha sa **tristesse**.

....

Comment as-tu réussi ?

Objectif 6 : Je différencie les niveaux de langue.

★ **Fais** une croix dans la colonne qui correspond au niveau de langue de chaque phrase.

	Langage courant	Langage familier
Il n'arrête pas de rire.	X	
Il n'arrête pas de rigoler.		
Ma petite sœur est froussarde.		
Ma petite sœur est peureuse.		
Mon frère est en colère.		
Mon frère est en rogne.		

Comment as-tu réussi ?

★★ **Récris** les phrases en langage familier en remplaçant les mots en gras par les mots de la liste : s'est bidonné - fiche le cafard - ça me gonfle - pété un plomb - estomaqué.

◆ Il **s'est mis dans une grande colère.** → Il a ....

◆ On a **ri.** → On ....

◆ **Cela m'agace !** → .... !

◆ Son comportement m'a **stupéfait.** → Son comportement m'a ....

◆ Ce temps gris me **rend triste.** → Ce temps gris me ....

Comment as-tu réussi ?

★★ **Classe** les mots dans la colonne qui convient : la rogne - le courroux - la colère / pleurer - verser des larmes - chialer / la trouille - la peur - la frayeur.

Langage familier	Langage courant	Langage soutenu
....	....	....
....	....	....
....	....	....

Comment as-tu réussi ?

Objectif 7 : Je distingue le sens propre et le sens figuré.

★ **Fais** une croix dans la colonne qui correspond au sens de chaque mot en gras.

	Sens propre	Sens figuré
Le glaçon a **fondu** au soleil.	X	
Il **nouait** ses lacets.		
La vue de l'araignée lui a soulevé le **cœur**.		
Elle a **fondu** en larmes.		
L'angoisse lui **nouait** l'estomac.		
Le médecin écouta les battements de son **cœur**.		

Comment as-tu réussi ?

★★ **Complète** chaque phrase avec un mot de la liste : noires - jaune - gros.

- *Sens propre*. Elle a acheté un .... melon.
- *Sens figuré*. Il est triste. Il a le cœur ....
- *Sens propre*. Elle portait des bottes ....
- *Sens figuré*. Elle avait des idées ....
- *Sens propre*. Ils ont peint les bancs du parc en ....
- *Sens figuré*. Son dépit s'est traduit par un rire ....

Comment as-tu réussi ?

★★ **Complète** chaque phrase avec un mot de la liste : nuage - chaudes - nageaient - frappé - boule. **Indique** si le mot est utilisé au sens propre ou au sens figuré.

- Il a été .... par cette nouvelle. Sens ....
- Pour se protéger, le hérisson se met en .... Sens ....
- Ils vécurent un bonheur sans .... Sens ....
- En voyant que sa voiture était rayée, il s'est mis en .... Sens ....
- Un gros .... cache le soleil. Sens ....
- Ils .... dans la joie. Sens ....
- Ils pleurèrent à .... larmes. Sens ....
- Ils .... à contre-courant. Sens ....
- Faites attention de ne pas vous brûler. Ces assiettes sont très .... Sens ....
- Il me semble que quelqu'un a .... à la porte. Sens ....

Comment as-tu réussi ?

Objectif 8 : Je comprends le sens des mots (homonymie et polysémie).

LES ÉMOTIONS

★ **Donne** à chaque phrase le numéro de la définition qui lui correspond.

C'est une **honte** de se comporter ainsi.	n°......
Pour certains, le trèfle à quatre feuilles porte **bonheur**.	n°......
Ce cratère est le résultat du **choc** d'une comète avec la Terre.	n°......
Au premier de l'an, on souhaite beaucoup de **bonheur** aux personnes que l'on aime.	n°......
Camille a rougi de **honte**.	n°......
En apprenant la nouvelle, il a ressenti un **choc**.	n°......

1. État dans lequel on est quand on est content.
2. Émotion brutale.
3. Chose odieuse, scandaleuse.
4. Rencontre brutale de deux choses.
5. Chance.
6. Ce que l'on ressent quand on est humilié ou ridiculisé devant les autres.

Comment as-tu réussi ?

★★ **Relie** chaque définition au mot qui lui correspond.

Sanction prévue par la loi. • • Chagrin.

Impression causée par quelque chose qui dégoûte, qui répugne. • [rage] • Émotion provoquée par quelque chose d'imprévu.

Procurer une satisfaction à quelqu'un, plaire beaucoup. • [horreur] • Enlever quelqu'un ou quelque chose de force, kidnapper, voler.

Violente colère. • [surprise] • Maladie.

Plaisir ou cadeau fait à quelqu'un sans qu'il s'y attende. • [peine] •
 • [ravir] • Émotion violente provoquée par quelque chose qui fait très peur, qui épouvante.

Comment as-tu réussi ?

★★★ **Complète** les phrases en utilisant un des mots bleus.

gêne - gène
• Il éprouve beaucoup de .... quand il doit s'exprimer devant ses camarades.
• Des chercheurs ont découvert un .... lié à la migraine.

point - poing
• Il était tellement irrité qu'il a frappé la table d'un violent coup de ....
• Rien ne sert de courir, il faut partir à ....

ma - m'a
• Sa réaction .... surprise.
• Je suis désolé d'avoir fait pleurer .... petite sœur.

Comment as-tu réussi ?

84

Objectif 9 : Je comprends les expressions et les locutions.

★ **Donne** à chaque expression le numéro de la définition qui lui correspond.

Avoir la chair de poule.	n°......
Se faire un sang d'encre.	n°......
Verser des larmes de crocodile.	n°......
Être gai comme un pinson.	n°......
Avoir des idées noires.	n°......
Être rouge comme une tomate.	n°......

1. Être triste.
2. Avoir le visage rouge de honte ou de gêne.
3. Pleurer pour émouvoir ou tromper.
4. S'inquiéter beaucoup.
5. Être très joyeux et le montrer.
6. Avoir peur.

Comment as-tu réussi ?

★★ **Complète** les phrases avec les mots de la liste : étonnement - colère - ravi - triste - emporter - gêné.

- **Sentir la moutarde monter au nez** veut dire : on va bientôt se mettre en ....
- **Avoir le cœur gros** veut dire : être ....
- **Être au septième ciel** signifie : être content, être ....
- **Être soupe au lait** signifie : s'................. facilement.
- **Être dans ses petits souliers** veut dire : se sentir mal à l'aise, ...
- **Faire des yeux comme des soucoupes** veut dire : écarquiller les yeux d'................. .

Comment as-tu réussi ?

★★ **Complète** les expressions avec les mots de la liste : nues - serrée - tripes - veines - jaune - anges - gonds - oreilles.

- Être surpris. ➜ Ne pas en croire ses ....
- Être surpris. ➜ Tomber des ....
- Être angoissé. ➜ Avoir la gorge ....
- Se mettre en colère. ➜ Sortir de ses ....
- Être heureux. ➜ Être aux ....
- Émouvoir violemment. ➜ Remuer les ....
- Rire forcé qui cache de la gêne ou du dépit. ➜ Rire ....
- Susciter un grand effroi. ➜ Glacer le sang dans les ....

Comment as-tu réussi ?

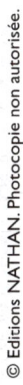

LES ÉMOTIONS

Objectif 10 : J'apprends à utiliser le dictionnaire.

| a | b | c | d | e | f | g | h | i | j | k | l | m | n | o | p | q | r | s | t | u | v | w | x | y | z |

⭐ **Écris** la signification des abréviations : nom masculin et féminin - adjectif - adverbe et préposition - nom féminin et interjection - verbe.

- v. ....
- n. m. et f. ....
- adv. et prép. ....
- adj. ....
- n. f. et interj. ....

Comment as-tu réussi ?

⭐⭐ **Donne** la classe (la nature) des mots suivants. **Écris** les abréviations grammaticales correspondantes.

	Classe ou nature du mot →	Abréviation
colère	nom féminin →	n. f.
ébahi	.... →	....
honteusement	.... →	....
dépit	.... →	....
manifester	.... →	....
honte	.... →	....

Comment as-tu réussi ?

⭐⭐⭐ **Lis** la définition du dictionnaire puis **réponds** aux questions.

- Quelle est la classe (la nature) du mot ?
  ....

- Combien de sens ce mot a-t-il ?
  ....

- Donne deux synonymes de ce mot.
  ....

- Recopie un des exemples donnés.
  ....
  ....

> **craindre** v. (conjug. 55) **1.** Avoir peur. → ap-préhender, redouter. *Ne craignez rien, le chien n'est pas méchant. Je crains qu'il ne soit pas d'accord.* **2.** Mal supporter. *Cette plante craint le gel.* ∎ contraire : **aimer.**
>
> © Le Robert Junior illustré 8/11 ans, 2014

Comment as-tu réussi ?

LES ÉMOTIONS

86

Objectif 11 : Je mémorise les mots appris.

★ **Coche** la bonne réponse.

	Vrai	Faux
Le dépit est une joie mêlée d'excitation.		
Une personne très énervée est une personne exaspérée.		
Gaieté est le contraire de joie.		
Enthousiaste et stupéfait sont des synonymes.		
Abasourdi et ébahi sont des synonymes.		
Souhaiter est le contraire de craindre.		

Comment as-tu réussi ?

★★ **Trouve** les mots cachés dans la grille et **écris**-les.

O	D	E	M	A	U	G	R	É	E	R
A	S	U	R	P	R	I	S	E	S	I
E	F	F	A	R	O	U	C	H	E	R
O	N	D	É	G	O	Û	T	I	R	E
A	T	R	I S	T	E	S	S	E	E
D	É	S	A	P	P	O	I	N	T	É

- C'est ce que l'on ressent quand on a du chagrin : ....
- Synonyme de dépité : ....
- Provoquer de la crainte : ....
- C'est ce que l'on éprouve lorsqu'il nous arrive un événement inattendu :
....
- Synonyme de bougonner : ....
- Contraire du nom « attirance » : ....

Comment as-tu réussi ?

★★ **Complète** les phrases avec les mots de la liste : joie - honteux - désarroi - dépitée - colère - émotion - rage.

- Lorsque la reine apprit que Blanche-Neige était bien plus belle qu'elle, elle entra dans une grande .... et, de ...., elle brisa son miroir magique.
- Lorsqu'ils se rendirent compte qu'ils étaient perdus dans la forêt, les frères du Petit Poucet éprouvèrent un grand ....
- Dans la fable de Jean de La Fontaine, *Le corbeau et le renard*, le corbeau se sent « confus et .... » de s'être fait berner par le renard.
- Quand la mère de Jack apprend que son fils a échangé la vache contre des haricots, elle est ....
- Lorsque Jack ramène la poule aux œufs d'or, sa mère l'accueille avec ....
- « Le flegmatique gentleman l'écoutait, en apparence au moins, avec la plus extrême froideur, sans qu'une intonation, un geste décelât en lui la plus légère .... » Jules Verne, *Le Tour du Monde en 80 jours*.

Comment as-tu réussi ?

GRILLES DE SUIVI

☞ *Colorie le visage correspondant au résultat que tu as obtenu.*

	★	★★	★★★
Objectif 1 : J'apprends des mots.			
1 La forêt	😐 😊 😄	😐 😊 😄	😐 😊 😄
2 La mer	😐 😊 😄	😐 😊 😄	😐 😊 😄
3 Les métiers	😐 😊 😄	😐 😊 😄	😐 😊 😄
4 La musique	😐 😊 😄	😐 😊 😄	😐 😊 😄
5 Les vacances et les voyages	😐 😊 😄	😐 😊 😄	😐 😊 😄
6 Le portrait physique	😐 😊 😄	😐 😊 😄	😐 😊 😄
7 Le portrait moral	😐 😊 😄	😐 😊 😄	😐 😊 😄
8 Les émotions	😐 😊 😄	😐 😊 😄	😐 😊 😄

	★	★★	★★★
Objectif 2 : J'apprends à catégoriser.			
1 La forêt	😐 😊 😄	😐 😊 😄	😐 😊 😄
2 La mer	😐 😊 😄	😐 😊 😄	😐 😊 😄
3 Les métiers	😐 😊 😄	😐 😊 😄	😐 😊 😄
4 La musique	😐 😊 😄	😐 😊 😄	😐 😊 😄
5 Les vacances et les voyages	😐 😊 😄	😐 😊 😄	😐 😊 😄
6 Le portrait physique	😐 😊 😄	😐 😊 😄	😐 😊 😄
7 Le portrait moral	😐 😊 😄	😐 😊 😄	😐 😊 😄
8 Les émotions	😐 😊 😄	😐 😊 😄	😐 😊 😄

	★	★★	★★★
Objectif 3 : J'apprends à construire des mots.			
① La forêt	☺ ☺ ☺	☺ ☺ ☺	☺ ☺ ☺
② La mer	☺ ☺ ☺	☺ ☺ ☺	☺ ☺ ☺
③ Les métiers	☺ ☺ ☺	☺ ☺ ☺	☺ ☺ ☺
④ La musique	☺ ☺ ☺	☺ ☺ ☺	☺ ☺ ☺
⑤ Les vacances et les voyages	☺ ☺ ☺	☺ ☺ ☺	☺ ☺ ☺
⑥ Le portrait physique	☺ ☺ ☺	☺ ☺ ☺	☺ ☺ ☺
⑦ Le portrait moral	☺ ☺ ☺	☺ ☺ ☺	☺ ☺ ☺
⑧ Les émotions	☺ ☺ ☺	☺ ☺ ☺	☺ ☺ ☺

	★	★★	★★★
Objectif 4 : Je comprends les synonymes et les contraires.			
① La forêt	☺ ☺ ☺	☺ ☺ ☺	☺ ☺ ☺
Objectif 4 : J'apprends à construire des mots.			
③ Les métiers	☺ ☺ ☺	☺ ☺ ☺	☺ ☺ ☺
Objectif 4 : Je comprends les synonymes.			
② La mer	☺ ☺ ☺	☺ ☺ ☺	☺ ☺ ☺
④ La musique	☺ ☺ ☺	☺ ☺ ☺	☺ ☺ ☺
⑤ Les vacances et les voyages	☺ ☺ ☺	☺ ☺ ☺	☺ ☺ ☺
⑥ Le portrait physique	☺ ☺ ☺	☺ ☺ ☺	☺ ☺ ☺
⑦ Le portrait moral	☺ ☺ ☺	☺ ☺ ☺	☺ ☺ ☺
⑧ Les émotions	☺ ☺ ☺	☺ ☺ ☺	☺ ☺ ☺

	★	★★	★★★
Objectif 5 : Je comprends les synonymes.			
③ Les métiers	☺ ☺ ☺	☺ ☺ ☺	☺ ☺ ☺
Objectif 5 : Je comprends le sens des mots.			
① La forêt	☺ ☺ ☺	☺ ☺ ☺	☺ ☺ ☺
Objectif 5 : Je comprends les contraires.			
② La mer	☺ ☺ ☺	☺ ☺ ☺	☺ ☺ ☺
④ La musique	☺ ☺ ☺	☺ ☺ ☺	☺ ☺ ☺
⑥ Le portrait physique	☺ ☺ ☺	☺ ☺ ☺	☺ ☺ ☺
⑦ Le portrait moral	☺ ☺ ☺	☺ ☺ ☺	☺ ☺ ☺
⑧ Les émotions	☺ ☺ ☺	☺ ☺ ☺	☺ ☺ ☺
Objectif 5 : Je différencie les niveaux de langue.			
⑤ Les vacances et les voyages	☺ ☺ ☺	☺ ☺ ☺	☺ ☺ ☺

	★	★★	★★★
Objectif 6 : Je différencie les niveaux de langue.			
⑥ Le portrait physique	☺ ☺ ☺	☺ ☺ ☺	☺ ☺ ☺
⑧ Les émotions	☺ ☺ ☺	☺ ☺ ☺	☺ ☺ ☺
Objectif 6 : J'apprends à utiliser le dictionnaire.			
① La forêt	☺ ☺ ☺	☺ ☺ ☺	☺ ☺ ☺
Objectif 6 : Je comprends le sens des mots (homonymie et polysémie).			
② La mer	☺ ☺ ☺	☺ ☺ ☺	☺ ☺ ☺
④ La musique	☺ ☺ ☺	☺ ☺ ☺	☺ ☺ ☺
⑤ Les vacances et les voyages	☺ ☺ ☺	☺ ☺ ☺	☺ ☺ ☺
⑦ Le portrait moral	☺ ☺ ☺	☺ ☺ ☺	☺ ☺ ☺
Objectif 6 : Je comprends les contraires.			
③ Les métiers	☺ ☺ ☺	☺ ☺ ☺	☺ ☺ ☺

	★	★★	★★★

Objectif 7 : Je mémorise les mots appris.

① La forêt

Objectif 7 : Je comprends les expressions et les locutions.

② La mer

④ La musique

⑦ Le portrait moral

Objectif 7 : Je comprends le sens des mots (homonymie et polysémie).

③ Les métiers

Objectif 7 : Je comprends les expressions et les citations.

⑤ Les vacances et les voyages

Objectif 7 : Je distingue le sens propre et le sens figuré.

⑥ Le portrait physique

⑧ Les émotions

	★	★★	★★★

Objectif 8 : J'apprends à utiliser le dictionnaire.

② La mer

③ Les métiers

④ La musique

⑤ Les vacances et les voyages

⑦ Le portrait moral

Objectif 8 : Je comprends le sens des mots (homonymie et polysémie).

- ⑥ Le portrait physique
- ⑧ Les émotions

Objectif 9 : Je mémorise les mots appris.

- ③ Les métiers
- ④ La musique
- ⑤ Les vacances et les voyages
- ⑦ Le portrait moral

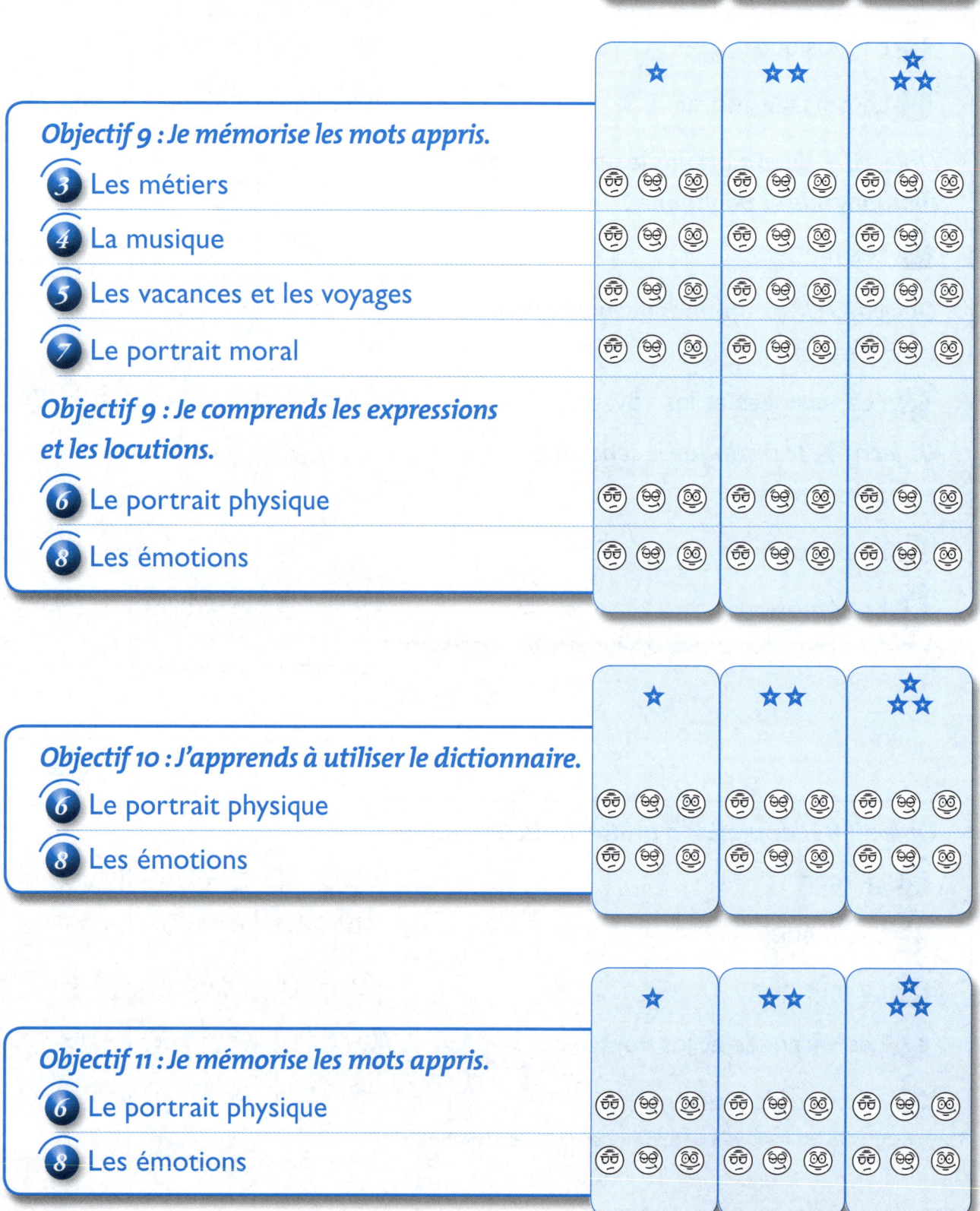

Objectif 9 : Je comprends les expressions et les locutions.

- ⑥ Le portrait physique
- ⑧ Les émotions

Objectif 10 : J'apprends à utiliser le dictionnaire.

- ⑥ Le portrait physique
- ⑧ Les émotions

Objectif 11 : Je mémorise les mots appris.

- ⑥ Le portrait physique
- ⑧ Les émotions

Édition : Élisabeth Moinard
Conception graphique : Arnaud Lhermitte
Coordination artistique : Domitille Pautonnier
Mise en page : Langage Graphique
Illustrations : Marie-Hélène Tran Duc
Couverture : Arnaud Lhermitte

Achevé d'imprimer en France par l'imprimerie JOUVE à Mayenne - N° 2247437U
N° d'éditeur : 10219651 - Octobre 2015